KB049176

다음 세대를 생각하는
인문교양 시리즈

아우름 55

다음 세대를 생각하는
인문교양 시리즈

아우름
55

공감에도 연습이 필요합니다

매력적인 사람이 되기 위한 공감의 기술　　권수영 지음

샘터

나와 사회의 행복을 위한 가장 큰 자산 '공감 능력'

음식과 사람도 행복감을 못 주는 나라

행복에 대한 심리학 이론에 따르면 우리나라는 지구상 어느 나라보다도 제일 행복해야 할 나라입니다. 최근 행복을 연구하는 대다수 심리학자들이 공통적인 행복감의 요소로 꼽는 두 가지가 있습니다. 첫 번째는 음식입니다. 인간은 맛난 음식을 먹을 때 가장 행복하다는 것입니다. 먹는 시간은 늘 즐겁습니다. 여행을 가서도 가장 큰 즐거움은 그 지역의 고유한 음식을 먹는 일입니다.

인간을 행복하게 만드는 또 다른 요소는 바로 사람들입니다. 좋은 사람과 함께할 때 우리는 행복감을 느끼더라는 것이지요. 진화심리학자들은 이를 수억 년 동안 인간이 진화를 통해 얻은 느낌이라고도 합니다. 음식을 먹는 즐거움이 있었기에 생존에 성공했고, 거친 자연과 야생동물에 맞서기 위해 인간은 군집 생활을 해야 했습니다. 이때 서로를 배려하는 마음과 공감을 익힌 이들이 생존에 성공했다는 것입니다.

음식과 인간관계를 가장 중요한 행복감의 요소라고 한다면, 우리나라는 가장 유리한 기본 요건을 제대로 갖추고 있는 나라입니다. 여행을 많이 한 사람들은 세계 어디를 다녀봐도 음식 문화가 우리나라처럼 다양하고 특색 있는 나라는 없다고 말합니다.

가끔 한국을 방문한 외국인들은 배달 치킨을 보고 두 번 놀란다고 합니다. 그 엄청난 종류에 한 번 놀라고, 그 다양한 맛을 음미하면 감탄을 금하지 못합니다. 김치도 그 종류가 수십 가지가 넘습니다. 이런 다양한 종류로만 봐도 음식으로 행복을 느낄 가능성은 우리에게 무궁무진하게 열려 있습니다.

그리고 인간관계를 가장 중요하게 여기는 것으로 치자면 우리나라가 단연 세계 최고일 것입니다. 아시아나 아프리카 여러 집단주의 문화 중에서도 한국은 소속감이나 집단의식이 가장 강한 나라라고 볼 수 있습니다. 유교에 바탕을 둔 전통적인 가족주의 제도의 영향일 수도 있고, 그동안 900여 차례 겪은 크고 작은 전쟁에서 살아남기 위해 터득한 생존의 대처 기제일 수도 있습니다.

언제나 어렵지 않게 값싸고 다양한 음식을 맛볼 수 있고 자신의 목숨보다도 인간관계를 중요하게 여기는데도, 왜 한국인들은 대한민국을 지구상 가장 행복한 나라로 만들지 못하는 것일까요? 이론과 현실이 이렇게 다를 수 있는 것일까요? 정말 아이러니한 일입니다.

국내 한 심리학자는 행복이 추상적인 이론이 아니라 경험이라고 주장하면서, 이를 한 장의 사진으로 설명했습니다. 사랑하는 사람과 식당에서 맛난 음식을 먹는 모습이 담긴 사진이었습니다. 행복감을 주는 두 가지 요소, 즉 '좋은 음식'과 '좋은 사람'을 동시에 경험하는 장면이지요.

그렇다면 우리는 가족과 밥 먹는 시간이 가장 즐거워야 합니다. 친한 친구들과 음식을 나누는 시간이 제일 즐거워야 합니다. 하지만 정작 현실은 최고의 행복한 경험이 되지 못할 때가 많습니다.

저는 심리상담을 통해 어린 시절 가족과 밥 먹는 시간이 가장 힘든 고역이었다고 고백하는 내담자를 자주 만나왔습니다. 한때 사랑을 속삭이던 식사 시간이 지옥처럼 변했다는 부부도 많습니다.

행복에 대한 이론을 잘못 이해하면 음식 그 자체가 인간에게 즐거움을 주거나 사람들 또는 가족들이 그 존재 자체로 우리에게 행복감을 준다고 오해하기 쉽습니다. 이 글을 읽는 여러분도 최근 누군가와 밥 먹는 시간이 너무도 싫었던 적이 있지 않았나요? 그렇다면 연구자들이 주장하는 행복감을 주는 요인분석이 잘못된 것일까요?

좋은 사람과 좋은 음식을 먹는 경험이 행복감의 원천이 되려면 필요충분조건이 있습니다. 서로 감정이 제대로 소통되어야 합니다. 음식과 인간관계가 우리에게 행복한 경험이 되려면, 즐거움의 감정이 전달되는 통로가 막히지 않아야 합니다.

아무리 맛있는 음식이 넘쳐나고, 사회연결망서비스 친구와 지인들의 숫자가 수백 명에 달한다고 해도 감정이 제대로 소통되지 않는다면 아무런 소용이 없습니다. 행복은커녕 불행감이 가중될 뿐입니다. 공감의 경험이 없다면 가족과의 식사 시간은 가장 불편하고 불안한 시간으로 변합니다. 내 감정을 안전하게 꺼낼 수 없다면, 친구와의 대화도 직장 상사와의 대화처럼 힘이 듭니다.

현재 우리의 가장 안타까운 현실은 음식의 종류와 사회연결망서비스 친구들 숫자는 점점 늘어가는데, 정작 가슴속 느낌을 안전하게 나눌 수 없다는 것입니다. 자신의 느낌을 공감해 주는 사람도 지극히 적을 뿐 아니라, 자신의 감정을 누구에게도 솔직하게 꺼내놓을 수 없기에 음식을 먹는 일도, 친구를 만나는 일도 결코 편안하지 않습니다. 이것이 우리를 행복의 요건을 충분히 갖추고 있는 나라에서 불행한 국민처럼 살게 만드는 이유입니다.

불안한 사회가 만드는 국가적 전염병

요즘 미래가 암울하게 느껴져서 주택 마련과 결혼도 포기한다는 N포 세대가 이제는 희망마저 포기했다는 자조 섞인 이야기를 접합니다. 저에게 우리 미래 세대가 희망마저 잃는다는 것은 불안이 극에 달해 존재의 기반이 뿌리째 흔들리기 시작했다는 의미로 읽힙니다.

"나는 아무리 생각해도 쓰레기야!"

"넌 인성 쓰레기야!"

이처럼 N포 세대가 자주 사용하는 '쓰레기'라는 욕이 저의 가슴을 먹먹하게 합니다. 쓰레기는 용도가 폐기된 버려진 물건을 의미하지요.

자신의 존재를 인격적인 존재가 아닌 버려진 물건처럼 느끼기 시작하면 그 내면의 감정은 혼자 감당하기 어려워집니다. 우리는 자신의 존재가 없어질 것 같은 공포나 불안을 느끼면 그 감정을 스스로 방어하기 위해서 자꾸만 외부를 향해 공격적인 감정을 사용합니다.

계속해서 남 탓, 부모 탓, 그리고 세상 탓을 하면서 공격을 해야만 버려진 물건처럼 여겨지는 불안한 존재감을 잠시나마 잊을 수 있기 때문입니다. 증가하는 학교 폭력이나 가정 폭력과 같이 친하게 지내고 사랑해야 할 대상에게 폭력을 행사하는 일은 가슴속에 깊이 숨겨놓은 불안과 밀접한 연관이 있습니다.

'감정적 문맹률'이 높은 사회는 폭력을 그저 법률적 차원의 통제만으로 다루려고 합니다. 하지만 법적인 예방이나 처벌 못지않게 중요한 것이 바로 '감정적 문해력'을 높이는 일입니다. 이는 폭력 행동 배후에서 남몰래 일어나고 있는 우리 가슴속 감정을 면밀히 살펴보는 일과 관련이 있습니다.

강력 범죄를 저지른 폭력범들의 정서를 30년 가까이 집중적으로 연구했던 정신건강 전문가가 있습니다. 바로 하버드대학교 의과대학의 제임스 길리건James Gilligan 교수입니다. 그는 1990년대 중반 미국인들에게 사회적인 폭력을 일으키게 만드는 핵심 감정이 분노가 아니라, 내면에 꽁꽁 숨겨진 '모멸감humiliation'임을 발견했습니다.

모멸감은 바로 자신의 존재를 쓰레기처럼 느끼는 존재감입니다. 가슴속 깊이 숨어 있는 모멸감이 가중되면 될수록 결국 이를 피하거나 방어해야 할 순간이 닥칩니다. 이때 자기 자신에게 극단적인 폭력(자해)을 감행할 수 있고, 남 탓으로 투사하면 분노 범죄의 주범이 될 수도 있다는 연구 결과입니다.

길리건 교수는 묻지 마 범죄 같은 사회적 폭력을 '국가적 전염병national epidemic'이라고 지칭했습니다. 그는 미국 사회의 공정하지 못한 국가정책 때문에 모멸감을 느끼는 이들이 증가하면 할수록, 결국 이는 더 많은 폭력을 유발할 것이라고 경고한 바 있습니다.

이는 단지 미국 사회에만 통용되는 진실이 아닐 것입니다. 이미 우리에게도 불특정 다수에 대한 묻지 마 범죄, 층간 소음으로 인한 이웃끼리의 분노 범죄, 친구나 가족에게 행해지는 분노 범죄 등이 일상 한가운데 와 있습니다. 한국 사회도 국가적 전염병이 더욱 번지기 전에 하루 빨리 감정적 문해력을 높이는 일에 보다 큰 관심을 기울여야 하는 이유입니다.

공감, 꾸준한 연습이 필요해요

2002년 노벨경제학상을 받은 저명한 심리학자 대니얼 카너먼Daniel Kahneman은 성공을 위한 가장 중요한 조건을 개인이 가진 지능이나 학벌이 아니라고 주장한 적이 있습니다. 통상 지능과 학벌은 우리가 성공을 위해 가장 중요하게 여기는 요소 아니던가요? 카너먼 교수는 성공을 위한 가장 중요한 요소가 바로 개인이 가진 '매력attraction'이라고 했습니다. 무슨 말일까요?

성공을 위한 개인의 매력이라면, 눈코와 입이 크고 몸이 날씬해야 한다는 의미일까요? 아니면 머리 스타일이나 옷 매무새가 중요하다는 걸까요? 아마도 그런 외적인 매력만을 의미하는 것은 아닐 겁니다. 이 심리학자는 인간관계에서 다른 사람이 여러분에게 얼마나 끌리느냐가 여러분의 삶을 성공적으로 이끌 수 있는 가장 중요한 조건이라고 보았습니다.

저는 다른 사람이 여러분을 매력적인 사람으로 느끼게 만드는 가장 중요한 내적인 자산이 무엇인지 알려드리려고 합니다. 그것은 바로 다른 사람들의 감정을 잘 이해하고 공감할 수 있는 능력입니다. 누구나 자신을 정서적으로 잘 이해해 주고, 공감해 주는 사람에게 자연스럽게 끌리기 때문입니다.

그렇게 발생하는 매력은 실로 엄청난 힘으로 서로를 연결해 준답니다. 우리 자신을 공감해 주는 사람에게 우리는 무한한 신뢰를 가지게 됩니다. 우정과 사랑, 그리고 행복과 성공을 만들어내는 모든 조건이 바로 우리의 공감 능력에서 비롯될 수 있습니다.

여러분 중에서 자신은 현재 이러한 공감 능력이 전혀 없다고 믿는 분도 있을 겁니다. 결코 좌절하지 마세요. 공감 능력은 애초부터 상대적으로 열등하게 타고나는 것이 결코 아닙니다. 인간의 감정을 연구해 온 학자들은 누구나 기본적인 공감 능력을 똑같이 타고난다고 말합니다. 하지만 공감 능력은 연마하지 않으면 서서히 줄어듭니다. 그래서 유전의 영향을 받아 다소 고정적인 지능지수IQ와는 구별되는 역량입니다.

우리의 공감 능력은 언제든지 연습을 통해서 최적의 상태로 고양할 수 있는 정서지능지수EQ와 밀접한 관련이 있습니다. 연구자들은 개인의 정서지능이란 태어날 때부터 변하지 않는 불변의 능력이 아니라, 관계 경험을 통해 꾸준히 길러질 수 있는 덕성virtue이라고 여긴답니다. 덕성이란 타고난 기질과는 달리 지속적인 경험의 결과로 습득되는 특성입니다. 누구든지 상호 공감의 경험이 많으면 많을수록 높은 정서지능을 갖추게 됩니다.

그러니 이미 늦었다고 판단하지 마세요. 공감 능력을 갖추기 위해 가장 적절한 발달 시기란 없습니다. 누구도 정서지능을 높이기 위해 이미 늦어버린 시기는 존재하지 않는다는 말입니다.

그래서 지금이라도 자신과 타인의 감정과 느낌에 대한 감수성을 익히고, 다른 사람과의 관계에서 공감이 이루어지는 원리와 과정을 자세히 공부해야 합니다. 공감 능력을 갖추기 위해서는 누구든지 적절한 시간과 꾸준한 노력을 들일 필요가 있는 것입니다.

우리는 공감을 잘하지 못할 때도 있지만, 제대로 하지 못하면서도 잘했다고 여기는 경우도 많습니다. 흔히들 다른 사람의 이야기를 듣고 공감한다고 했지만, 자신의 이야기를 더 크게 확장하여 드러내는 경우가 있습니다. 또, 다른 사람의 고충을 듣고는 그 부담을 낮춰주려고 모든 사람이 일반적으로 겪는 일이라며 값싼 위안을 주는 경우도 많습니다.

정작 상대방은 어떤 기분이었을까요? 우리가 자신도 모르게 드러내는 자기 이야기나 일반화를 통해 상대방은 공감은 커녕 오히려 자신의 감정이 외면당하고 무시받는 것처럼 느꼈을 겁니다. 이러한 실수를 제대로 바로잡으려면 이제 새로운 공감의 방식을 찾아야 합니다.

자신은 다른 사람보다 타인의 마음을 월등하게 잘 읽어낸다고 믿는 사람이 있습니다. 그리고 다른 사람들과 관계를 맺는 경륜과 사회적 경험이 많다고 생각하는 사람일수록 자꾸 다른 사람의 마음속 생각과 느낌을 자신이 다 들여다보고 있다고 확신합니다. 이런 사람을 직접 경험해 보면, 가장 피하고 싶은 사람으로 여깁니다. 그야말로 매력 빵점인 사람이지요.

예컨대 저 같은 사람은 이런 독심술의 늪에서 벗어나기 위해 특별한 노력을 해야 합니다. 이른바 심리학이나 상담학을 통해 마음에 대한 공부도 제법 많이 했고, 다른 사람을 만나 도움을 주는 일도 꽤 오랫동안 해왔습니다. 이제 누구를 만나도 몇 번만 만나면 그 사람의 마음속이 훤하게 보일 것 같은 착각에 빠지기 쉽습니다. 그래서 상대방의 마음을 너무 쉽게 침범하고 제 나름대로의 해석을 주장할 수도 있지요.

제가 공감에 대한 책을 몇 권 출간했다고 학생들이 저를 '공감의 대가'라고 부를 때가 있습니다. 그때마다 가슴이 철렁 내려앉습니다. 공감은 꾸준한 연습과 부단한 자기 노력이 없다면, 한순간도 제대로 유지할 수 없는 고도의 기술이기 때문입니다.

과연 어느 상황에서도 공감을 척척 해내는 공감의 대가가 존재할 수 있을까요? 글쎄요. 있다면 꼭 만나보고 싶습니다. 하지만 제가 아는 분명한 사실이 있습니다. 공감을 오늘도 그리고 내일도 연습하겠다고 마음먹는 사람만이 공감을 제대로 익히고 실천할 수 있습니다.

공감이 태어날 때 결정되는 불변의 능력이 아니고, 시간이 지난다고 저절로 습득되는 능력도 아니라면 우리 모두가 공감의 기초부터 알아보아야 합니다. 그리고 그 능력을 얻기 위한 작은 노력을 늦기 전에 시작해야 하지 않을까요? 바로 지금부터 말입니다.

1장

'감정적 문맹'
시대를 사는 우리

왜 우리는
의사소통을
못할까요?

○

소통하고자 하는 상대방의 머리만 문제 삼
고 있다면, 결코 제대로 된 소통을 할 수 없
습니다. 왜냐하면 진정한 소통은 머리뿐만
아니라 바로 가슴의 문제일 수 있기 때문입
니다.

세대 차이가 불통의 원인?

제가 그동안 제일 많이 요청받았던 강연 주제를 꼽자면 단연 '의사소통意思疏通의 기술'입니다. 왜 이런 강연을 자주 하게 되었을까요?

지난 20년 동안 제가 속한 대학에서 진행하는 여러 기업이나 단체의 위탁교육 내용을 자세히 살펴보았습니다. 급격하게 변하는 시대 조류에 따라 다양한 주제의 강의를 듣고 싶어 합니다. 하지만 어떤 기업이나 단체라도 빠지지 않고 등장하는 주제가 있더군요. 바로 '의사소통'입니다.

이런 사실은 과연 무엇을 의미할까 곰곰이 생각해 봅니다. 무엇보다 의사소통이란 가정이나 학교, 그리고 어느 단체나 조직에서도 매우 중요한 주제임을 알 수 있습니다. 대부분의 강의 주제는 시대가 바뀌면 점점 변하거나 중요도가 크게 떨어지는 경우가 많습니다. 하지만 우리 모두에게 의사소통이란 세월이 아무리 흘러도 여전히 쉽게 해결되지 않는, 어려운 난제임을 잘 알 수 있습니다.

최근에는 밀레니얼 세대들이 대거 사회에 진출하면서, 조직마다 세대 간 소통을 가장 큰 어려움 중 하나로 꼽기도 하더군요. 대개 우리는 의사소통의 가장 큰 어려움을 세대 차이라고 여기는 것 같습니다. 세대 정도가 아니라, 청소년들은 다섯 살 정도 차이 나는 초등학생을 이해하기가 도통 힘들다고 고개를 절레절레하기도 합니다.

저는 몇 해 전 '밀레니얼, 꼰대와 함께 일하다'라는 제목의 강연을 요청받았습니다. 강연을 요청한 기관에서 그런 제목을 제시한 배경을 살펴보니, 조직의 리더들은 밀레니얼 세대가 기성세대의 이른바 꼰대 기질 때문에 소통을 포기하고 귀를 닫고 산다고 여기는 것 같았습니다. 소통 부재의 문제는 과연 각 세대가 서로 나이 차를 극복하지 못한 탓일까요?

누구나 꼰대가 될 수 있어요

꼭 그런 것 같지 않습니다. 일단 세대 차이를 불통의 원인이라고 보는 편견부터 버려야 합니다. 물론 젊은 세대들이 만들어내는 인터넷 신조어를 잘 몰라서 소통에 어려움을 겪는 경우가 있기는 합니다. 저도 예전에 제자들과 카페에 갔다가 '아아'나 '뜨아'를 못 알아듣고, 왜 자꾸 신음소리를 내는지 의아해한 적도 있었으니까요.

몇 해 전 꼰대에 관한 다큐멘터리 프로그램 제작에 참여한 적이 있습니다. 프로그램에서 재미있는 실험을 했습니다. 이른바 '꼰대 실험'입니다. 한 취업 사이트에서 실시한 조사에 따르면, "당신은 꼰대입니까?"라는 질문에 '그렇다'고 답한 사람들은 22.6퍼센트였습니다. 열 명 가운데 두 명만이 자신을 꼰대라고 여긴다는 것이지요.

만약 20대나 30대 직장인에게 꼰대냐고 묻는다면, 어떤 대답을 할까요? 다들 펄펄 뛰면서 자신은 아니라고 부정할 것 같습니다. 그리고 남성보다는 여성들이 자신은 절대 꼰대가 아니라고 답변할 가능성이 높습니다. 꼰대 이미지를 묻는 조사를 해보면 대개 고집 센 아저씨, 권위적인 남성 이미지가 많이 등장하기 마련입니다.

그래서 방송 프로그램에서는 20대와 30대 직장인, 그리고 여성과 남성을 골고루 모아서 '꼰대 실험'을 진행했습니다. 20대 중반 여성 한 명, 30대 중반 여성 두 명, 30대 중후반 남성 두 명과 40대 초반 남성 한 명이 실험에 참여했습니다.

실험의 설계는 다음과 같습니다. 눈을 가리고 출발선에 선 참여자들에게 같은 질문을 던집니다. 참여자들은 질문에 '맞다'라고 여기면 한 발자국씩 앞으로 나아갑니다. 첫 질문은 "나는 대체로 명령문으로 말한다"였지요. 이 질문에는 여섯 명 모두 출발선에서 미동도 하지 않았습니다.

이어지는 질문은 이런 것들이었습니다. "요즘 젊은이들이 노력은 하지 않고 '불평불만'만 하는 건 사실인 것 같다", "나보다 늦게 출근하는 후배가 거슬린다", "사생활의 영역도 인생 선배로서 답을 제시할 수 있다" 등입니다. 청소년들이 듣기에는 모두 다 꼰대 근성을 드러내는 질문이지요.

그런데 웬일일까요? 참여자들이 한 걸음씩 나아가기 시작합니다. 심지어 제자리에서 꼼짝도 하지 않을 줄 알았던 20대 여성도 움직입니다. 이 실험에서 모든 질문을 마치고 맨 앞에 서 있는 사람이 가장 '꼰대스러운' 사람이 되는 셈입니다. 과연 그 사람은 누구일까요?

실험을 시작하기 전에는 당연히 40대 초반의 남성이 가장 유력한 최종 승자(?) 후보였습니다. 놀랍게도 실험이 끝난 후 눈을 가리고 있던 안대를 벗고 보니 30대 중반 여성 참여자가 맨 앞에 서 있었습니다. 실험을 설계한 제작진도, 참여자들도 모두 의외의 결과를 목도했습니다. 가장 심한 꼰대로 선정된 여성에게 소감을 물으니, 가끔 후배들에게 꼰대 같다는 평을 들은 적이 있다고 털어놓더군요.

우리가 소통하기 힘든 꼰대가 되는 건 꼭 나이순이거나 성별에 따른 것은 아니라는 점을 이 실험은 증명한 셈입니다. 그렇다면 아직 성인이 되기 전 청소년들이라도 자칫 꼰대가 될 수도 있다는 말이 성립됩니다. 그럼 소통이 잘 안 되는 진짜 이유는 무엇인지 더더욱 궁금해집니다.

소통이 안 되는 진짜 이유

20여 년 전 의사소통을 주제로 진행했던 제 첫 번째 강연 자료를 다시 살펴본 적이 있습니다. 그때 저는 청중에게 이런 질문을 했더군요. "여러분, 소통이 잘 안되시지요?" 대개 이구동성으로 "그렇다"라고 외쳤겠지요. "그렇다면 소통이 왜 이리 힘이 드는지 아세요?"라는 질문에는 대부분 "아니요"를 외쳤던 것으로 기억합니다.

저는 다부진 얼굴로 이렇게 즉답을 드렸습니다. "소통이 안 되는 진짜 이유는 여러분이 자꾸 '의사소통'을 하려고 들기 때문입니다." 청중들은 제 말뜻을 제대로 이해하지 못했습니다. '그럼, 의사소통을 하지, 무슨 소통을 하란 말인가' 이런 생각으로 눈을 동그랗게 뜨고 저를 쳐다보았지요.

우리는 대개 소통이란 우리의 뜻과 생각, 즉 의사意思를 소통하는 일이라고 믿습니다. 그래서 자주 '의사'와 '소통'을 붙여 쓰는 것이겠지요. 그래서인지 의사소통이 잘 안 되면, 상대방의 머리부터 의심합니다. 왜 상대방은 이리도 이해력이 떨어지는지 내심 짜증을 내게 마련입니다.

세대 차이가 불통의 원인이라고 믿는 사람들은 '요즘 젊은 세대들은 무슨 생각을 하고 사는지 모르겠다'며 불평을 늘어놓습니다. 불통의 원인은 다 머릿속에서 일어난 생각의 차이라고 여깁니다.

부모들도 마찬가지입니다. 자신의 자녀들이 무슨 생각을

하는지 궁금해합니다. 그런데 부모 자식 사이의 '불통의 끝판왕'이라고 여겨지는 '중2병'은 대체 뭐가 문제인 걸까요? 처음 '중2병'이라는 단어가 대중에게 소개되었을 때, 저는 한 라디오 방송에서 부모들의 궁금증에 답하는 코너를 담당한 적이 있었습니다.

그때 저는 제일 먼저 궁금증 하나가 생겼습니다. 부모들이 마치 질병처럼 진단하는 '중2병'에 대해 부모 스스로는 무엇이 병의 원인이라고 여기는지가 궁금했지요. 병명만 들으면 무조건 중학교 2학년에 진학만 하면 발병이 된다는 의미처럼 들릴 수도 있잖아요? 그래서 먼저 부모들에게 '중2병'을 지닌 자녀들의 가시적인 증상을 물었습니다.

대체로 갑자기 신경이 예민해진다든지, 뭘 물어도 도통 대답을 안 한다든지, 멜로 영화 주인공인양 자신만의 세계로 빠져든다든지 등을 증상으로 꼽았습니다. 저는 그런 증상이나 병인病因을 중심으로 부모들에게 '중2병' 대신 새로운 이름을 지어보라고 요청했습니다.

그랬더니 많은 부모들은 '중2병'을 '무뇌증'이라고 부르고자 하더군요. 그리고 "우리 아이가 아무런 생각 없이 사는 것 같아요. 마치 뇌가 없는 것 같아요"라는 말을 덧붙였습니다. 이는 제게 시사하는 바가 있었습니다. 놀랍게도 부모들의 진단은 주로 아이의 머리에 머물러 있었습니다.

하지만 불통의 원인으로, 소통하고자 하는 상대방의 머리만 문제 삼고 있다면 결코 제대로 된 소통을 할 수 없습니다. 왜냐하면 진정한 소통은 머리뿐만 아니라 바로 가슴의 문제일 수 있기 때문입니다.

우리 마음속
사라지는
감정들

○

우리 주위 가족이나 친구들이 머릿속에
생각만 가득한 것이 아니라 가슴속 느낌
도 다양하다는 사실을 반드시 기억해야
합니다. 그러면 비로소 제대로 된 소통이
가능합니다.

감정은 집에 두고 다니나요?

우리는 모두 '별주부 신드롬'을 가지고 삽니다. 별주부 신드롬이란 제가 소통에 관한 대중 강연에서 만들어낸 신조어입니다. 여러분, 조선시대의 한글 소설 《별주부전》의 줄거리를 아십니까? 별주부는 바닷속 나라 용왕님을 충성스럽게 모시는 신하로 나오는 자라입니다.

어느 날 용왕님이 병환으로 목숨이 위태로워지자, 자라는 묘약으로 알려진 토끼의 간을 구하기 위해 나섭니다. 드디어 토끼를 속여 용궁으로 데리고 가려 하지만, 토끼는 이내 자신의 간을 꺼내려 한다는 사실을 알게 됩니다. 이때 토끼가 건넨 묘수를 기억하지요? 그는 자라에게 이렇게 말합니다. "미리 말씀하시지요. 저는 간을 집에 두고 다녀요!"

이런 뚱딴지같은 소리에 그만 속아 넘어가는 인물이 바로 자라, 즉 별주부입니다. 말도 안 되는 거짓말에 속다니 어리석기 짝이 없지요. 하지만 우리도 별주부와 같은 실수를 범할 때가 아주 많답니다. 우리가 만나고 관계를 맺으며 소통하려는 상대방이 오직 머리만 가지고 오로지 생각만 한다고 믿는 것이지요. 즉, 가슴과 그 안에 있는 감정은 집에 두고 다니는 줄 아는 것입니다.

"저는 감정은 집에 두고 다녀요!" 이렇게 말하는 사람은

별주부 신드롬

'감정적 문맹' 시대를 사는 우리

물론 없습니다. 하지만 우리가 스스로 그렇게 가정하고 산다는 말입니다. 지구상에 있는 인간이라면 누구나 냉철한 머리로만 살지 않고, 동시에 뜨거운 가슴을 품고 삽니다.

우리가 매일매일 만나는 사람들도 마찬가지입니다. 우리 주위 가족이나 친구들이 머릿속에 생각만 가득한 것이 아니라, 가슴속 느낌도 다양하다는 사실을 반드시 기억해야 합니다. 그러면 비로소 제대로 된 소통이 가능합니다.

진짜 느낀 점을 찾습니다

저는 가끔 한석봉과 어머니의 일화를 가지고 젊은 세대의 새로운 '느낀 점'에 대해서 설명합니다. 이 일화는 조선시대 최고의 명필가 한석봉에게는 지혜로운 어머니가 있었다는 사실을 보여주는 유명한 이야기입니다. 멀리 서예 공부를 하러 갔다가 일찍 돌아온 아들에게 한석봉의 어머니는 희한한 제안을 합니다.

불을 끄고 어머니 자신은 떡을 썰고, 아들에게는 글을 써보라고 합니다. 불은 끄고서는 서예를 잘할 수 없었던 한석봉은 어머니의 등에 떠밀려 다시 서예 공부를 하러 떠난다는 이야기입니다. 제가 학교에 다닐 때 이 글을 읽고 느낀 점을 쓰라고 하면 답은 뻔했습니다. '공부는 끝이 없으니 자만하지 말자' 혹은 '한석봉의 어머니는 위대하다'.

누군가 이 이야기에 대한 독후감 숙제를 받고, 한석봉의 어머니를 맹모삼천지교의 맹자 어머니에 버금가는 한국형 가정교육의 대가로 느꼈다고 썼다면 거의 만점짜리 대답이 되겠지요. 이런 '느낀 점'을 묻는 교육은 정말 우리 모두에게 큰 도움이 되었을까요?

문제는 우리가 아주 오래전부터 이런 이야기의 교훈이나 생각할 점을 굳이 '느낀 점'이라고 불러왔다는 것입니다. 하지만 독후감讀後感이란, 말 그대로 책을 읽고 난 후 느낌을 적은 글입니다.

저는 차라리 독후사讀後思라고 했으면 좋을 뻔했다는 생각을 종종 합니다. '느낄 감感' 대신 '생각할 사思'를 붙였더라면 느낌과 생각을 혼동하지 않았을 텐데 말입니다. 어쩌면 우리 모두가 '별주부 신드롬'을 앓게 된 것은 바로 '느낀 점'을 '생각할 점'과 혼동했기 때문일지도 모릅니다.

그런데 말입니다. 어느 날 저는 젊은 세대에게서 작은 변화를 감지했습니다. 제 아들에게 이 이야기를 들려주었더니, 느낀 점을 예상과 다르게 답하는 것을 보았지요.

"말도 안 돼! 왜 불을 꺼? 그럼 미리 불을 끄고 글 쓰는 연습을 하도록 해야 되는 것 아니야?" 아이의 느낀 점에서는 살짝 억울함마저 묻어 나왔습니다. 저는 비로소 이런 것이 진짜 '느낀 점'이라고 생각했습니다. 집에 두고 다니는 줄 알았던 '느낌'이 되살아나는 것 같았습니다.

이제는 이렇게 진짜 느낀 점에 대해 표현하는 자녀들에게 부모들이 윽박지르지 않아야 합니다. 부모의 공정하지 못한 처사에 대해서 꾹꾹 참아내는 아이가 무조건 착한 아이는 아니기 때문입니다. 한석봉 같은 비범한 위인은 어머니의 행동에서 큰 깨달음을 얻었을지 모르지만, 어떤 자녀들은 무정하게 공부하라며 떠나보내는 어머니에게서 버려짐의 느낌을 가질 수도 있습니다.

이제는 매사에 느낀 점을 더욱 세밀하게 되물어야 할 때입니다. 생각할 점이나 교훈 말고 진짜 느낀 점 말입니다. 제가 꿈꾸는 행복한 세상은 생각뿐 아니라 느낌도 살아 숨 쉬는 세상입니다. 가짜 느낀 점으로 자신의 느낌은 억눌러야 하고, 진짜 느낀 점은 무시한 채 겉으로만 괜찮은 척하며 사는 세상은 결코 행복한 세상일 수 없기 때문입니다.

감정적 문맹을 의심해 보세요

상담 시간에 제가 만난 유학생 중 한 명은 자신이 겪은 따돌림의 경험을 아주 어렵게 전화로 부모님에게 털어놓았다고 하더군요. 그때 부모님은 학생의 호소는 무시해 버리고, 딴생각 말고 공부에만 전념하라는 말을 하셨다고 합니다. 학생은 그야말로 하늘이 무너지는 순간이었다며 눈물을 뚝뚝 흘리더군요.

왜냐하면 전화를 걸기 바로 직전까지 그 학생은 수면제를 다량으로 구입해 놓고 극단적인 선택을 할 위기였습니다. 너무나 다행스럽게도 그는 심리적 위기를 스스로 잘 극복했습니다. 하지만 유학을 마치고 귀국한 그와 부모님의 관계는 크게 달라졌습니다.

그는 부모님과의 대화에서 절대로 자신의 감정을 꺼내놓지 않는다고 말하더군요. 심리상담사인 저는 마음이 무너져 내렸습니다. 저와 비슷한 세대인 부모님이 자신도 모르게 그

몹쓸 병인 '별주부 신드롬'을 앓고 있다고 예상할 수 있었기 때문입니다.

부모도, 자녀도 모두 생각뿐 아니라 365일 매일 매 순간 감정을 품고 사는 존재입니다. "딴생각 말고 공부에만 전념하라." 이 말이 자녀는 왜 그리 아프게 느껴졌을까요? 자신의 상처 입은 마음과 감정에는 전혀 관심이 없는 듯 말하는 부모가 마치 자신과 아무런 관계가 없는 타인처럼 더욱 멀게만 느껴졌기 때문이 아닐까요.

가장 소통이 원활해야 할 가정에서 이런 정서적인 교류가 끊어지는 것은 정말 안타까운 일입니다. 대한민국은 인구 99퍼센트 문해율을 자랑합니다. 이는 대한민국 국민의 99퍼센트가 읽고 쓸 줄 아는 사람이어서 문맹률이 낮다는 의미입니다. 한국 부모들의 불타는 교육열의 힘이라 볼 수 있겠지요.

이런 통계를 보면, 국민 대다수가 의사소통을 하기에 전혀 어려움이 없는 나라라고 예측할 수 있을 겁니다. 그런데 우리가 세대 간 소통, 가족이나 조직 내 소통이 점점 어렵다고 느끼는 이유는 과연 무엇일까요?

국민 모두가 언어를 통해 의사意思를 소통하는 어려움은

없을지 몰라도, 자신의 느낌과 상대방의 느낌을 알아차리고 교류할 수 있는 능력은 현저하게 떨어지기 때문입니다. 다시 말해, 국가의 문맹률은 지극히 낮지만 '감정적 문맹률'은 낮지 않습니다.

누군가와 관계를 맺는 일과 상호 소통에 어려움이 있다고 느끼면, 즉시 '감정적 문맹'을 의심해야 합니다. 그리고 이러한 감정적 문맹을 벗어나기 위해, 스스로 감정적 문해력을 높이기 위한 노력을 할 수 있으면 좋겠습니다.

가정에서부터 자녀의 감정적 문해력을 높이기 위해서는 부모가 먼저 아이의 감정을 이해하고 공감하는 일부터 시작해야 합니다. 인간의 정서 조절 능력은 저절로 습득되는 것이 아닙니다. 감정 연구자들은 생후 직후부터 부모나 초기 돌봄을 제공하는 대상과의 정서 교류와 공감 경험이 자신의 감정을 적절하게 조절하고 안정적인 기질을 만드는 데 절대적인 역할을 한다고 말합니다.

대한민국이 세대 간 소통, 가정이나 조직 내 소통을 모두 잘하는 나라가 되기 위해서는 지금부터라도 감정적 문맹을 제대로 인식해야 합니다. 그래야 감정적 문해율 역시 99퍼센트인 나라로 새롭게 시작할 수 있습니다.

대한민국은 경제적으로, 그리고 문화적으로 자타 공인 최고의 선진국 수준으로 국가의 위상이 올라갔습니다. 하지만 사회적 유대감 지표는 OECD 국가 중 가장 낮은 수준이고, 자살률은 최고 수준입니다. 정부가 아무리 선진국의 여러 가지 지표를 제시하고 홍보해도, 정작 국민 개개인이 느끼는 행복감이 크지 않은 이유도 바로 우리 모두가 여전히 감정적 문맹 시대를 살고 있기 때문일지도 모릅니다.

내 안에 나쁜 감정은 없어요

우리 모두 이성과 생각이 제일 중요하다고 여기고, 감정이나 느낌을 자꾸 뒷전에 두게 된 데는 또 다른 이유가 있습니다. 보통 이성은 우리를 바른길로 이끄는 안정적인 수단이지만, 감성은 변화무쌍하고 유동적이라 우리를 위험하게 만들 수 있다고 믿습니다.

나쁜 감정에 휘둘리면 감정의 소용돌이에 휘감길 것 같은 두려움이 있기 때문이지요. 분노 조절이 안 된다는 사람들은 분노에 휩싸이면 자신 안에 온통 불길이 꽉 차 있다고 여깁니다. 대부분 분노라는 감정을 나쁘다고 여기는 이유이지요.

서구 사회에 불교 명상을 널리 알린 베트남의 틱낫한Thích Nhất Hạnh, 1926~2022 스님은 《화Anger》라는 책을 저술했습니다. 이 책에서 스님은 우리 안에 있는 분노 감정을 '갓난아이'처럼 여기라는 화두와 같은 권고를 합니다. 보통 우리는 우리 안에 있는 화를 가장 위험한 감정으로 여기고, 내면에 사는 '괴한'쯤으로 여기는 경우가 많습니다. 그래서 스님의 권고는 매우 이례적입니다.

화가 나면, 화를 아기처럼 여긴다는 말씀은 무슨 의미일까요? 무엇보다 나쁘다고 판단하는 일을 멈추라는 것입니다. 아기가 떼를 쓰고 소리를 질러도 아기의 행동을 무조건 나쁘다고 판단하는 부모는 없으니까요. 이 세상 모든 갓난아기는 돌봄의 대상이지, 판단의 대상이 아닙니다. 실은 우리 안에 있는 어떤 감정이라도 마찬가지입니다. 무조건 나쁘다고 판단할 감정이란 없습니다.

저는 몇 해 전 《나쁜 감정은 나쁘지 않다》라는 제목의 책을 썼습니다. 이 책에서 우리나라 사람들이 대부분 나쁘다고 생각하는 다섯 가지 감정을 집중적으로 다루었지요. 즉, 짜증, 분노, 미움, 무력감, 슬픔의 감정은 마음속 다양한 감정을 입체적으로 볼 수 있도록 가이드 역할을 하는 감정입니다. 그래서 저는 이러한 감정을 무조건 나쁘다고 여기지 말고, 우리 안에 숨어 있는 다양한 감정에 대해 보다 세밀한 관심을 가지기를 원하는 것입니다.

짜증이나 분노가 일어나면, 우리 안에 어떤 감정이 숨겨져 있는지 알려줍니다. 예컨대 심리상담에서 내담자가 조절할 수 없는 분노를 호소한다면, 그 분노는 아마도 내담자가 오랫동안 숨겨온 존재에 대한 불안과 모멸감을 돌아볼 수 있도록 시그널을 보내고 있는 것입니다. 그러니 공감을 통해 내담자의 감정 세계를 돌보기 원하는 심리상담사라면 이른바 '나쁜 감정'을 내담자의 깊은 감정 세계로 들어갈 수 있는 출입문처럼 여길 수 있어야 합니다.

틱낫한 스님의 갓난아이 비유는 어떤 감정이라도 판단을 멈추고 가만히 살펴본 다음 돌봐야 한다는 점을 강조합니다. 마음속 감정에 대한 문해력을 높이면, 우리 안에는 나쁜 감정이나 버려야 할 감정이 없음을 알게 됩니다. 아무리 나쁘다고 판단한들 마음에서 그 감정을 제거할 수 있는 방법은 없습니다.

우리가
제일 먼저
해야 할 일

○

"지금 우리가 할 일은 우리 자신을 바로 세
우는 것이지 결코 남을 파괴하는 것이 아
니다." 이 글처럼 다시 자기 자신의 숨겨진
감정부터 따뜻하게 돌아볼 수만 있다면, 무
한 경쟁으로 빼앗긴 우리 마음에도 봄이 오
지 않을까요?

존재를 향한 감정 구심력

　미국 유학 시절 저는 어려운 형편에도 중고차 한 대를 구입하기로 했습니다. 음식 배달 아르바이트를 하기 위해서는 개인 승용차가 필요했기 때문입니다. 잔 고장이 없다며 주위 유학생들은 한결같이 일본산 중고차를 강력 추천했습니다. 하지만 저는 한국산 중고차를 고집했고, 결국 마련했습니다. 당시 저는 아무리 일본산 자동차가 성능이 좋더라도 절대 사서는 안 된다고 굳게 믿었습니다.

　당시 함께 대학원 수업을 듣던 일본인 친구가 한 명 있었습니다. 영어를 유창하게 하는 그 친구의 이름은 존이었습니다. 존은 아담한 일본산 자동차를 타고 다녔습니다. 같은 동양인이라는 공통점 때문인지 저에게 친근감을 표시하며 다가오는 존이 저는 왠지 부담스러웠습니다. 그는 수업 시간마다 제 옆자리에 앉으려 했지만, 저는 그를 벌레 보듯 피했던 것 같습니다. 존이 수업 시간에 예리한 질문이라도 할 때면 괜스레 화가 치밀어 올랐습니다.

존과 함께 수강했던 과목의 교수님은 수업 과제로 지역에 있는 정신분석 연구소와 연계하여 다섯 번에 걸친 정신분석을 직접 경험해 보도록 요청했습니다. 저는 비용이 가장 저렴한 곳을 선정하여 정신분석을 받기 시작했습니다. 우연의 일치인지 존도 저와 같은 정신분석가에게서 정신분석을 받더군요.

어느 날 정신분석가는 제가 가진 반일 감정에 대한 분석을 시도했습니다. 저는 직감적으로 그 백인 분석가가 한국과 일본 사이의 과거 역사를 잘 모르고 있다고 느꼈습니다. 그래서 그에게 꽤 오랫동안 일제강점기 민족 수난의 역사를 목놓아 강변했던 것 같습니다.

한동안 빙그레 웃던 정신분석가는 제가 안팎으로 나눠 써야 할 에너지를 모두 밖으로만 투사하고 있다고 분석하면서 존과의 관계를 예로 들었습니다. 재미 일본인 3세인 존은 완벽한 영어를 구사했고, 교수와 미국인 친구들 사이에서도 거침이 없었습니다. 정신분석가는 이런 상황을 마주한 제가 내면의 견디기 힘든 불안을 숨기기 위해 미움과 분노로 그 불안을 방어하고 있는 것 같다고 분석했습니다.

저는 그때 받은 충격을 지금도 잊지 못합니다. 저는 다섯 차례의 정신분석을 통해 그리 넉넉지 않은 형편에 3대 독자를 유학 보낸 가족의 기대를 충족하지 못할까 두려워 떨고 있는 제 자신과 만날 수 있었습니다. 대학원 수업의 과중함에 눌려 자꾸만 불안해질수록 저는 내면의 불안을 느끼지 않으려고 몸부림을 치고 있었지요.

그중 가장 손쉽게 했던 행동이 바로 외부에 비난할 적수를 만들어 분노의 화살을 쏘아대는 일이었습니다. 불안할수록 우리의 정신적 에너지는 밖으로 향하는 원심력에 의존하게 마련입니다. 외부로 향한 원심력이 강하면 강할수록 자신의 내면을 향하는 구심력은 잘 느끼지 못합니다. 자기 자신을 향한 감정을 스스로 견디기 힘들다면 이는 꽤 괜찮은 방어 전략이지요.

구심력과 원심력

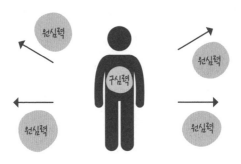

    여러분, 물리학적으로 원심력과 구심력의 발생 원인을 아십니까? 쉬운 예를 들어보겠습니다. 아빠가 돌도 지나지 않은 아이의 손을 잡고 뱅글뱅글 돌리는 모습을 상상해 보세요. 아이의 몸무게가 아주 가벼울 경우 아빠가 잡아당기는 구심력만으로 아이를 안전하게 돌릴 수 있습니다. 물론 자칫 아이 팔이 빠지지 않도록 주의해야겠지요.

    하지만 아이가 조금만 더 자라도 아빠는 아이 손을 붙잡고 돌릴 수가 없어요. 아이의 몸무게가 무거워지면 아빠의 구심력이 모자라게 느껴집니다. 오히려 아이가 아빠를 힘 있게 잡아당기는 듯한 원심력이 더 강하게 느껴지는 법이지요. 이 때 원심력이란 실제로 아이가 아빠를 잡아당기는 힘이 아니라 중력 때문에 가상으로 느껴지는 에너지입니다.

저는 감정이 움직이는 방향도 구심력과 원심력을 가지고 있다고 설명합니다. 감정도 원초적인 힘은 내면을 향한 구심력을 가지고 있는데, 자꾸만 부차적인 에너지인 원심력을 가진 감정에 휘둘릴 때가 많답니다.

그래서 원심력을 가진 대인 감정을 느끼느라 자신의 존재를 향한 아픈 감정은 꽁꽁 숨어버리게 마련입니다. 하지만 자신의 존재를 향한 불안을 스스로 수용하고 인정할 수 있을 때 비로소 우리는 안으로 향하는 구심력을 가지고 내면의 감정들을 찬찬히 성찰할 수 있습니다.

유학 시절 저 역시 제 존재 가치에 대한 불안을 인정하고 나서야 마음의 에너지를 내면을 돌아보는 일에도 조금씩 사용할 수 있게 되었습니다. 제가 정신분석을 처음 접하고 인간의 마음에 대한 공부를 시작할 수 있게 된 것은 얼마나 많은 세월 동안 외부로 향한 원심력 에너지를 발산하고 살았는지 절실히 깨닫고 나서였습니다.

1980년대 대학을 다니던 당시 사회의 모든 문제를 다른 사람의 탓으로만 여기고 살았던 과거의 자신을 발견할 수 있었습니다. 당시에는 군사정권과 재벌 기업의 지도자를 욕하고 미워하는 일이 가장 정의로운 일이라고 여겼던 것 같습니다. 나름 사회의 부조리를 비판하는 용기는 있었지만, 제 내면의 불안을 들여다보려는 용기는 전혀 갖지 못했던 것이지요.

하지만 정작 중요한 것은 구심력을 가지고 내면의 감정을 살피는 일이고, 이렇게 자신의 내면을 향한 통찰이 있을 때 다른 사람을 이해하는 일도 가능하다는 점을 알게 되었습니다. 여러분도 감정적 문해력을 키우기 위해서 외부를 향한 감정의 원심력에만 치우치지 말고, 내면을 향한 구심력에 보다 큰 관심을 가지기를 바랍니다. 그렇다면 어떻게 관심을 가져야 하는지 조금 더 설명해 보겠습니다.

친구에게 자꾸 화가 날 때

가끔 우리는 분노를 이기지 못할 때가 있습니다. 분노를 친구나 가족에게 표출하고 나서는 머지않아 분노를 표현한 행위 자체에 대해 후회가 생겨 스스로 죄책감에 시달리기도 하지요. 결국 우리는 분노를 반드시 절제하거나 외부로 표출되는 것조차 막아야 하는 나쁜 감정으로 여깁니다. '왜 자꾸 화를 내지? 조금만 더 참았어야 했는데, 이제 친구가 나를 이상한 놈이라 여길 거야!'

분노는 나쁜 감정이 아닙니다. 우리 안에 있는 모든 감정은 다 이유가 있어서 발생하는 것이지요. 분노가 그저 나쁜 감정이기에 무조건 참아야 한다는 생각이 오히려 화를 키우는 경우가 많습니다. 그래서 우리는 참고, 참고 또 참다가 결국 폭발했다는 말을 자주 합니다.

상대방에게 생기는 분노 감정은 상대방을 향해 외부로 발산되는 원심력 감정이라고 부를 수 있습니다. 물리학적으로도 원심력을 너무 강하게 느끼면, 웬만해서는 구심력을 느끼기가 어렵다고 했지요. 하지만 애초에 먼저 존재하는 힘은 구심력이라는 설명을 드렸습니다. 그뿐만 아니라 원심력은 구심력이 먼저 발생했기에 부차적으로 느껴지는 가상의 힘이라고 했었지요? 다른 사람을 향한 원심력을 가진 감정이 발생한다면, 이와 동시에 구심력 감정도 이미 우리 안에서 발동했다고 상상해 보시기 바랍니다.

외부를 향한 분노라는 감정이 생기면 우리 안에는 우리 존재를 향한 또 다른 감정이 먼저 생겼다는 것을 의미합니다. 그런데 이러한 자신의 존재를 향한 구심력 감정이 우리가 감당할 수 없을 만큼 아픈 감정일 때, 자연스레 외부를 향해 더욱 강력한 원심력 감정을 발생시키고 맙니다. 이런 경우 안타깝게도 우리 내면을 향한 감정에 대해서는 문해력이 현저하게 떨어지게 마련입니다.

한 가지 예를 들어 보겠습니다. 제가 자녀 양육을 위한 전문적인 지침을 제공하는 방송 프로그램에 출연하면서 가장 자주 접했던 주제는 형제들끼리의 갈등입니다. 특히 첫째 아이가 동생이 생기고 나서 갑자기 거칠어지고, 부모가 없을 때는 동생에게 화를 내거나 폭력을 행사하는 일이 많다고 호소합니다. 당연히 부모는 첫째 아이의 분노 감정이나 폭력적인 행동을 나쁘다고 평가하고 나무라는 일이 많겠지요.

하지만 우리는 많은 첫째 자녀들이 동생에게 화가 나는 이유를 단순히 상대방을 향한 일방적인 원심력으로만 이해해서는 안 됩니다. 원치 않게 갑자기 동생이 생긴 첫째 아이에게는 모든 상황이 혼란스럽습니다. 첫째 자녀들의 마음속에는 자신의 존재감에 대해 엄청난 충격이 일어나고 있다는 점을 기억해야 합니다.

이때 자신의 존재를 향한 구심력 감정, 즉 자신이 더 이상은 부모의 사랑받는 존재가 아닌 것 같은 느낌, 더욱 심한 경우에는 이제 동생에게 자신이 받아온 모든 사랑을 빼앗기고 자신은 버려질 것 같은 느낌은 도저히 감당하기 힘든 감정입니다. 이런 감정을 가장 손쉽게 피할 수 있는 방법이 하나 있습니다. 즉, 상대방을 향해 원심력을 가진 분노나 미움을 강하게 표출하는 것이지요.

친구에게 갑자기 화가 나십니까? 여러분은 그런 분노 감정의 원인을 그동안 친구에게서만 찾았을 가능성이 높습니다. 예컨대 그 친구가 여러분에게 연락을 자주 하지 않았습니다. 게다가 다른 사람들 앞에서 여러분을 무시하는 태도로 이야기했습니다. 그래서 그 친구에게 화가 났겠지요. 그렇다면 여러분의 분노 감정의 원인을 모두 그 친구가 제공한 것이라고 여길 수밖에 없습니다.

하지만 때로는 그 분노 감정을 친구에게 잘 드러내지 못하는 경우도 있습니다. 앞서 이야기했던 것처럼 분노를 나쁜 감정으로 여기는 경우가 많으니까요. 그리고 자칫 화를 냈다가 친구와의 관계가 더욱 악화될까 봐 두려운 느낌도 있지요. 그래서 그냥 속으로 이번에는 넘어가자며 매번 참아내는 전략을 사용합니다.

그런데 많은 사람이 분노를 지나치게 오랫동안 참으면 더 큰 화를 부를 수도 있다고 말하는 이유가 있습니다. 참고 참다가 제대로 폭발하면 결국 그나마 유지해 오던 관계가 아주 끝장이 난다고 느끼기 때문입니다. 그렇다고 화를 일절 표출하지 않고 살다보면 결국 우울증에 빠져버릴 수도 있지요. 그렇다면 어찌해야 될까요? 대략 난감입니다.

지금까지 설명한 감정의 두 가지 방향, 즉 원심력과 구심력을 함께 살펴보면 우리가 가진 감정들에 대해 좀 더 바람직한 감정적 문해력을 가질 수 있습니다. 제가 '감정들'이라고 복수형으로 말한 데는 분명한 이유가 있어요. 여러분이 친구를 향한 분노라는 원심력 감정을 느끼면, 분명히 자신을 향한 구심력 감정도 어딘가 자리 잡고 있으리라고 여기면 됩니다. 약간의 시차가 있더라도 원심력과 구심력을 가진 '감정들'은 동시다발적으로 생겨나기 때문입니다.

친구의 말 한마디나 어떤 태도 때문에 여러분이 순간 화가 난 건 사실이지만, 마음속으로는 그 친구로부터 배제된 것 같은 느낌, 그래서 자신의 흔들리는 존재감이 이미 자리 잡고 있었던 것입니다. 이때 자기 자신의 존재 가치에 대한 구심력 느낌이 견디기 힘들어지면, 친구를 향한 감정은 강하게 외부로 뻗쳐 나가는 원심력이 발산되는 것이지요.

특별히 뚜껑이 자주 열리는 이유

길을 지나가다가 모르는 사람이 여러분에게 욕을 했다고 생각해 보세요. 전혀 모르는 사람인데 여러분에게 그런 행동을 했다면, 어떤 느낌이 드시나요? 화가 치밀어 오르는 분도 있을 겁니다. 지극히 정상적인 반응입니다. 그런 부당한 대접을 받으면 누구나 화가 나게 마련입니다. 그렇다고 화를 주체하지 못하고 왜 자신에게 욕을 하냐고 그 사람을 향해 따져 묻는 사람은 그리 많지 않을 것 같습니다.

이유가 뭘까요? 그냥 정신이 약간 이상한 사람쯤으로 여기고 지나갈 수 있기 때문이지요. 보통 잘 모르는 사람에게 부당한 경험을 당하면 분노가 잠시 생겼다가도 이내 사라지는 경우가 많습니다. 모르는 사람과의 경험 때문에 오랫동안 그 분노가 가라앉지 않는 경우란 좀처럼 없습니다. 감정적 문해력을 가지고 찬찬히 살펴보면, 자신과 관계가 없는 사람에게는 그리 강력한 원심력이 발휘되지 않는다는 것을 알 수 있습니다.

잘 모르는 사람이 우리에게 부당한 행동을 할 경우, 밖으로 표출되는 분노 감정의 원심력이 금방 약해지는 데는 이유가 있습니다. 우리 내면에서 존재를 향한 구심력을 방어해야 할 필요가 그리 강하지 않기 때문입니다. 모르는 사람에게 욕설을 듣는 경험으로 내 존재가 완전히 무너져 내리는 사람은 그리 많지 않습니다. 그저 상대방을 이상한 사람으로 여기면 내 존재가 거뜬하기 때문입니다.

그런데 잘 모르는 사람에게서 그런 모욕적인 행동을 당해도 갑자기 심하게 화가 나고, 상대방을 과격하게 공격할 수도 있습니다. 코로나19 감염병이 확산되자, 공공장소에서 마스크로 인한 분노 범죄가 급증했다고 보도된 적이 있습니다. 버스에 승차하면서 마스크를 제대로 착용하지 않은 사람에게 마스크 착용을 요청했더니 갑자기 버스 운행 기사에게 화를 내고 폭력을 행사하는 사건도 보도되었습니다.

분명히 잘 모르는 사람일 텐데, 왜 이런 갑작스러운 분노가 폭발했던 것일까요? 앞서 설명한 대로 감정의 또 다른 작용인 구심력을 살펴보면 도움이 됩니다. 잘 모르는 사람을 향한 갑작스런 분노 범죄나 불특정 다수를 향한 묻지 마 범죄는 주로 어떤 사람이 저지를 수 있을까요?

대개는 아주 오랫동안 자신의 존재 가치를 비하하는 자격지심을 느껴온 사람들입니다. 꽁꽁 숨겨놓았던 구심력 감정을 더 이상 견디기 힘든 임계점에 다다릅니다. 자신을 향한 모멸감이 극도로 커져 있는 상태가 되지요. 이때는 아주 작은 외부 자극에도 엄청난 강도의 원심력 작용이 급발진하게 됩니다. 결과적으로 아무에게나 급격한 폭력 행동을 행사하게 되는 것이지요.

여는 글에서 하버드대학교 제임스 길리건 교수가 폭력을 일으키는 핵심 감정이 분노가 아니라 내면에 꽁꽁 숨겨진 모멸감임을 발견한 것도 이런 맥락에서 이해할 수 있겠지요. 일반적으로 상대방을 향해 강하게 표출되는 원심력 감정, 즉 분노가 범죄의 원인이라고 여기기 쉽습니다. 하지만 실은 구심력 감정, 즉 자신의 존재를 부끄럽게 여기는, 버려진 존재처럼 여기는 모멸감이 더욱 중요하게 다루어야 할 감정이라는 것입니다.

일반적으로 대인 관계에서 분노 감정이 자주 일어나는 경우 아주 분명한 사실이 있습니다. 우리가 원심력을 표출하려는 상대방은 평소 잘 아는 사이라는 것입니다. 그저 아는 사이가 아니라 특별하게 깊은 관계를 원하는 사이일 수 있습니다. 누구나 모르는 사람에게 분노 감정이 일시로 일어날 수 있지만, 대개 쉽게 약해지는 것과는 대조적이지요.

어떤 친구에게 계속해서 화가 난다면, 그 친구에게 존중받고 우정을 나누고 싶은 바람이 매우 크다는 점을 우리에게 알려줍니다. 그런데 그런 바람이 잘 이루어지고 있지 못한 느낌이 든다고 상상해 볼까요? 그렇다면 자신의 존재가 그 친구에게 어떤 의미인지 자꾸 의심하게 됩니다. 심해지면 내가 그 친구에게 전혀 중요한 사람이 아닌 것 같은 느낌으로 번져갑니다.

이때 자신의 존재를 향한 느낌, 즉 친구에게 중요한 사람이 아닌 것 같은 느낌은 무척이나 아픈 느낌입니다. 혼자 감당하기 힘든 느낌이자 느끼고 싶지 않은 느낌이지요. 그래서 자기 자신에게 모멸감을 주는 구심력 감정은 참으로 고통스러운 느낌입니다. 자기 자신을 향한 구심력을 느끼는 대신 자꾸 외부로 향한 원심력을 느끼게 되는 이유는 결국 자기 자신을 그런 고통으로부터 보호하기 위함입니다.

그래서 우리가 가장 친하고 싶은 친구, 사랑받고 싶은 가족들에게 훨씬 자주 화가 나는 것입니다. '그래도 친구인데, 가족인데 왜 화가 나지?' 하는 생각도 들겠지요. 하지만 전혀 이상한 일이 아닙니다. 친하고 싶고, 사랑받고 싶은 바람이 크기에 그 바람이 무너지는 일도 자주 발생합니다. 아무런 바람이 없는, 잘 모르는 사람에게 화가 쉽게 사라지는 것은 바로 이러한 관계 욕구가 크지 않기 때문입니다.

마음속 감정을 이해하는 문해력을 높이기 위해 꼭 기억해야 할 것이 있습니다. 자꾸 남 탓을 하면서 화만 낸다면 문제가 잘 풀리지 않고, 관계는 더욱 힘들어질 수도 있다는 점입니다. 반드시 돌아봐야 할 문제는 우리를 화나게 하는 친구나 가족이 아니라, 마음속에 숨겨놓은 우리의 바람과 그 바람이 무너져서 생긴 우리의 존재감일 수 있습니다.

자신의 존재감부터 돌보세요

그럼 분노가 생기면 남 탓을 하지 말고, 자신 탓을 하라는 이야기로 오해하는 분도 있을 것 같습니다. 아닙니다. 좀 더

정확하게 말하자면 감정의 원심력에만 관심 가지지 말고 감정의 구심력, 즉 자기 자신을 향한 존재감을 반드시 돌봐야 한다는 것입니다. 부차적인 원심력보다 원초적인 구심력을 살피는 것이 감정적 문해력을 높이는 데 가장 중요한 첫 단추가 되기 때문입니다.

친구들에게 자꾸 화가 나지만 꾹꾹 참으면서 살아왔다는 중학생이 어느 날 심리상담실을 찾아왔습니다. 그 학생은 화를 표출하기 위해 집에 있는 강아지를 괴롭히게 된다고 했습니다. 며칠 전에는 너무 화가 나서 강아지를 바닥에 던졌고 이내 강아지가 심한 고통을 느끼는 것 같더니 다리를 절기 시작했다고 고백했습니다. 당시 학생은 극심한 죄책감과 두려운 마음이 엄습했다고 덧붙였지요.

내담자는 자신의 난폭성이 좀 더 심해지면 자신이 강아지를 어떻게 할지 몰라 무섭다고 했습니다. 심지어 지난밤 강아지를 죽이는 꿈까지 꾸게 되었다고 고백했지요. 심리상담사가 가장 힘든 감정이 무엇이냐고 물었더니, 내담자는 당연히 마음속에서 들끓고 있는 분노 감정이라고 말했습니다. 그런데 이 불같은 감정을 어찌할지 모르겠다고 무력감을 표시했습니다. 누가 보더라도 이 중학생의 가장 큰 문제는 마음속 분노라고 여길 것입니다.

분노 감정은 자칫 오래 방치하면 자신과 주위를 태워버릴 것 같은 위험을 느끼게 합니다. 그래서 한자로 분노를 '불 화 火'로 표시했는지도 모릅니다. 하지만 누구나 분노의 불씨를 잡는 방법은 용이하지 않습니다. 참는다고 해결될 것 같지 않고, 분노를 말끔하게 제거하는 마음속 소화기는 전혀 없어 보입니다. 화의 원인이 되는 상대방을 염두에 두고 외부로 발산되는 분노의 불길만 집중하는 것은 감정의 원심력에만 휘둘리는 꼴입니다.

심리상담을 통해 내담자는 아주 오랫동안 자신의 존재가 친구들은 물론, 가족에게도 그리 중요한 사람이라고 느끼지 못한 채 살아왔다는 점을 발견했습니다. 내담자의 부모님은 시내에서 큰 식당을 운영하고 있었습니다. 외동아들인 내담자는 어린 시절부터 늘 가까이에서 살던 할머니 손에 컸습니다. 활동적이었던 할머니도 내담자를 돌보는 일에 정성을 다하지는 못했습니다. 부모님은 늘 밤늦게까지 일했습니다. 퇴근 후에도 부모님의 최대 관심은 오로지 강아지였다고 내담자는 푸념을 늘어놓았습니다.

내담자는 경제적으로 부족함 없이 자랐지만 학교에서는

늘 외톨이였습니다. 그러던 내담자가 친구들과 잘 지낼 수 있는 방법 하나를 찾았는데, 그건 바로 부모님이 운영하는 식당에 친구들을 데리고 가는 일이었습니다. 그때마다 친구들이 내담자에게 잘 대해준다고 느낀 것이었지요.

하지만 그런 친구들과의 관계는 늘 불안했습니다. 특히 코로나19로 인한 사적 모임 방역 지침이 생기면서 부모님의 식당 운영에 큰 어려움이 닥쳤고, 식당에서 친구들에게 공짜 저녁을 먹이는 일도 점점 힘들어졌습니다. 내담자는 친구들과의 관계가 점점 멀어짐을 느꼈고, 친구들이 자신에게 차가운 말과 태도로 대한다고 느꼈습니다. 이런 친구들에게 가끔씩 화를 내고 싶었지만 그럴 수 없었습니다.

심리상담을 통해서 내담자는 자신이 어린 시절부터 부모님과의 관계, 그리고 친구들과의 관계에서 엄청난 불안을 느끼고 살아왔음을 깨닫기 시작했습니다. 자신의 존재는 부모님으로부터 버려진 것 같은 불안이 있었고, 최근에는 강아지만도 못하다는 느낌이 들기도 했음을 알게 되었지요.

이런 자신의 부끄러운 존재감이 도저히 견디기 힘들어질 때, 내담자의 감정은 점점 외부로 향한 원심력이 강해졌습니다. 하지만 부모님에게도, 친구들에게도 표출하지 못한 분노는 결국 강아지로 향했던 것입니다.

　결국 분노 조절이 안 된다며 상담실을 찾은 중학생은 자신 안에 숨겨두었던 유기불안과 존재감을 새롭게 인식하고 수용하면서 서서히 변화를 경험했습니다. 특히 아무에게도 꺼내놓지 못했던 자신에 대한 수치심과 모멸감 등을 털어놓으면서 심리상담사에게 충분히 공감받았던 것이 그러한 변화에 큰 기폭제가 될 수 있었습니다.

　앞서 우리의 감정이 가진 원심력과 구심력의 상호 관계에 대해서 살펴보았습니다. 외부로 표출되는 원심력을 가진 감정을 나쁘게 여기면, 우리 존재를 향한 구심력 감정은 제대로 돌볼 수 없게 됩니다. 원심력을 강하게 느끼면 느낄수록 구심력은 잘 느껴지지 않기 때문이지요. 내면을 제대로 이해하고 돌보기 위해서는 구심력을 가진 감정에 대해 더욱더 관심을 가져야 합니다.

갈등 사회도 바꿀 수 있어요

　주변을 살펴보면, 강한 원심력을 가진 감정을 외부로 발산하는 사람이 적지 않습니다. 가끔 조직 내 '갑질'을 하는 이들에 대한 고발이 보도되기도 합니다. 사회에서 갑질을 일삼는 사람은 원심력 감정을 무차별적으로 발산하는 대표적인 사람입니다. 이런 사람은 겉보기에는 제왕적인 리더십을 가진 사람처럼 보입니다. 부하 직원에게 욕설과 고함을 지르고, 물건을 던지기도 하고, 손찌검도 불사하지요.

우리가 살펴본 바에 따르면, 이런 과도한 원심력은 숨겨진 강한 구심력을 방어하는 역할을 합니다. 이런 갑질을 하는 리더들은 결코 '멘탈 갑'이 아닙니다. 실은 부실한 존재감, 제대로 인정받지 못한 부적절감으로 가득 찬 불안한 사람입니다. 자신의 불안을 감추려고 들면 들수록 비상식적인 공격의 화살을 밖으로 쏘아댈 수밖에 없는 것입니다.

우리나라는 유래를 찾기 힘든 고속 경제성장을 이루었습니다. 그래서 우리의 민족적 자존감을 어느 정도 높였으리라 생각됩니다. 하지만 과열 경쟁은 우리 마음의 평정심을 송두리째 빼앗아 버렸습니다. 그런데도 우리는 아무렇지 않은 척 위장하기 위해 공격적인 에너지를 다른 세대와 다른 지역, 다른 정당과 다른 이념에 과도하게 쏟아붓고 있는 것은 아닐까요.

오늘날 세대 간 갈등, 서로를 향한 분노는 우리 모두의 숨겨진 내면 감정을, 즉 구심력을 가만히 들여다보게 하는 황색 신호등 역할을 합니다. 모두가 격한 분노를 급정거할 수 없다면 서서히 그 속도라도 줄여야 합니다.

서구의 가족상담 전문가들은 가족 관계 안에서 구성원들이 가장 건강하게 독립하는 상태를 '분화differentiation'라고 부릅니다. 이는 반대 입장을 고수하며 상대를 끊어내는 '단절'과는 격이 다른 것입니다. 영어 표현대로라면 분화란 부모와 나, 타인과 나는 서로 다르다는 점을 인정하면서도 그들과 연결된 독립체로 '따로 또 같이' 사는 상태입니다.

가족상담 시 문제가 있다고 지목받는 구성원은 주로 과격한 분노를 표출하고 과잉 행동을 하는 사람입니다. 단절로 치닫는 이들은 실은 가족 구성원 중에서 가장 불안한 사람인 경우가 대부분이지요. 가족 모두가 그에게 잠재된 불안감을 이해하고 공감하면 그의 적대감과 분노 행동은 자연스레 자취를 감추고 다른 가족과 연대감을 회복할 수 있습니다.

대한민국이라는 운명 공동체도 마찬가지입니다. 나쁜 국민이나 없어져야 할 국가 구성원은 없습니다. 불필요한 세대도 없습니다. 서로 이해받지 못하는 불안감을 피해 자꾸 밖으로 분노의 화살을 당길 수밖에 없는 마음의 단순 회로가 문제일 뿐입니다. 극한 대립과 갈등이 난무할수록 그 안에 잠재된 모두의 불안을 이해하는 일이 중요합니다. 그래야 단절이 아닌 분화된 구성원으로 함께 연대할 수 있기 때문입니다.

나와 다른 타인을 무조건 비난하고 공격해야만 내가 존재한다면, 결코 '멘탈 갑'으로 살 수 없습니다. '멘탈 갑'으로 거듭나기 위해서 우리가 당장 할 수 있는 일이 있습니다. 바로 지금 우리 자신부터 내면의 감정들에 대해 문해력을 높이는 일입니다.

일제강점기였던 1919년 3월 발표된 〈3·1 독립선언서〉에 이런 문장이 있습니다. "지금 우리가 할 일은 우리 자신을 바로 세우는 것이지 결코 남을 파괴하는 것이 아니다." 이 글처럼 다시 자기 자신의 숨겨진 감정부터 따뜻하게 돌아볼 수만 있다면, 무한 경쟁으로 빼앗긴 우리 마음에도 봄이 오지 않을까요?

2장

공감 아닌 공감 같은
'가짜 공감'

자기 노출:
나도 그런 일
겪은 적 있어!

○

자기 노출이 공감으로 치환될 수는 없습니다. 자기 자신의 과거 사건을 반추해 보는 것은 좋지만, 반드시 그 사건에서 겪은 정서적 경험을 대화에 활용할 수 있어야 합니다. 그래야 자기 노출을 가짜 공감이 아닌, 진짜 공감으로 가는 통로로 삼을 수 있습니다.

침묵이 힘들어서 그래요

흔히 친구들과의 대화에서 침묵은 관계의 단절처럼 느껴집니다. 그래서 자꾸 친구에게 무슨 말이든지 던져야 할 것 같은 강박이 생깁니다. 특히 위로의 말을 건네야 할 때면 강박이 더욱 심해지지요. 이때 쉽게 꺼낼 수 있는 말이 친구의 경험과 비견할 수 있을 만한 자기의 경험이지요. 바로 "나도 그런 일 겪은 적 있어".

대장암 초기에 암 진단을 받고 수술을 마친 50대 중반의 남성 환자가 있었습니다. 입원 중인 이 환자에게 세 명의 고

등학교 동창 친구가 찾아왔습니다. 오랜만에 만난 이 친구들은 막 수술을 마친 친구를 보고 염려와 걱정의 눈빛으로 대화를 시작했습니다.

"도대체 어떻게 된 거야? 언제부터 증상이 생겼어?"

"대장암 1기라고 했지? 수술 시간은 얼마나 걸렸니?"

"이 병원에 내가 아는 의사 친구가 있거든, 네 주치의 이름이 뭐니?"

암 수술을 마친 환자는 친구들이 물어보는 질문에 답변하기에 바쁩니다. 그런데 물어보는 질문들이 모두 병이나 치료 과정과 관련된 '정보'에 관한 것입니다. 안타깝게도 환자의 안부를 물으면서, 정서적인 공감을 나눌 수 있는 친구는 도무지 찾을 수 없습니다.

"너는 그래도 초기에 발견해서 다행이야. 고등학교 동창 상준이 알지? 걔도 대장암이었는데 꽤 진행된 다음에 알아서 지금도 고생 많이 한다고 하더라."

갑자기 그들은 할 말이 없어졌습니다. 30초쯤 침묵의 시간이 흘렀습니다. 어색한 느낌이 방 안을 가득 채울 무렵, 한 친구가 입을 열었습니다.

"나는 3년 전에 심장에 스텐트 시술을 했잖아? 내가 원래 테니스 얼마나 좋아하는지 알지? 그런데 이젠 심한 운동은 전혀 못 해. 금방 숨이 차더라고."
"야, 요즘 심장 스텐트는 아무것도 아니야. 나는 통풍 진단 받고, 벌써 2년째 치료 중이잖아. 그 좋아하는 술도 못 먹고, 고기도 못 먹고. 사는 게 사는 게 아니야!"

친구들은 각자 자신이 겪은 질병과 치료 이야기를 꺼내기 시작합니다. 한참을 조용히 듣고 있던 세 번째 친구는 자신이 겪은 암 수술 이야기를 덧붙였습니다.

"내가 이야기 안 하려고 했는데, 실은 나도 5년 전에 암 수술을 한 적이 있어. 후두암이었는데, 뇌로 약간 전이가 되었다고 해서 참 힘든 수술이었지. 난 그때 가족들에게 유서도 써놨었어."

"야, 너 왜 그동안 이야기 안 했어? 전혀 몰랐네."

"그러게 말이야. 정말 위험한 수술이었네. 뇌를 잘못 건드리면 큰일 나잖아? 그래도 수술이 잘 끝났나 봐?"

갑자기 병문안을 왔던 친구들의 관심은 위험 수준이 높은 후두암 수술을 받았다는 친구에게 집중되었습니다. 그 친구는 한참을 자신의 치료 과정과 현재 상태 등을 상세히 이야기했습니다. 어느덧 시간이 30분쯤 흘렀습니다. 두 번째 침묵이 30초가량 진행되자 한 친구가 말을 꺼냈습니다.

"그래, 대장암은 가장 흔한 암이니까 너무 걱정하지 말고 빨리 회복해라. 이제 우리 가야겠다."

세 명의 친구들은 누워 있는 친구에게 작별 인사를 하고 입원실을 빠져나왔습니다. 자, 여러분이 만약 대장암 수술을 마친 이 환자였다면 어떤 기분이 들었을까요? 과연 친구들이 자신을 감정적으로 잘 이해하고 있다고 느낄 수 있었을까요? 짧은 방문이었지만, 친구들이 자신이 앞으로 진행해야 할 후속 치료와 재활 과정에 대한 불안감과 부담감을 충분히 공감해 주었다고 느낄 수 있었을까요?

아마도 친구들의 병문안이 일면 반갑고 기쁜 심정도 있었 겠지요. 하지만 큰 위로와 공감을 받지는 못했을지도 모릅니다. 갑자기 다들 자신의 투병 이야기를 꺼내 대화를 이어가는 방식은 방문의 목적이 무엇인지 의심스럽게 합니다. 대장암 수술을 마친 친구가 배제되는 것 같은 느낌을 받을 수도 있습니다. 결국 초기 대장암은 크게 걱정할 필요 없다는 식의 친구들의 위로는 큰 도움이 안 되었겠지요.

대화를 복기해 보면, 친구들은 침묵의 시간이 흐르자 무언가를 이야기해서 친구에게 위안을 주고 싶었을 것입니다. 이때 가장 쉽게 꺼낼 수 있는 이야깃거리는 바로 자기 자신의 경험과 관련된 것입니다.

이는 공감의 대화 기술이 절대적으로 부족한 베이비붐 세대의 일반적인 대화 방식일지도 모릅니다. "나 때는 말이야." 늘 자신의 과거 경험을 앞세워 자녀의 고충을 헤아리려고 하는 '자기 노출'의 대화 방식은 이렇게 동년배 친구들 사이에서도 흔하게 나타납니다.

자, 여러분도 병원에 입원 중인 친구를 방문하는 상황을 상상해 보시기 바랍니다. 이때 갑자기 할 말이 없어진다면, 어떤 이야기를 꺼내겠습니까? 혹시 자신도 최근 입원 치료를 받은 적이 있다면, 가장 먼저 그 이야기를 꺼낼 수도 있습니다.

"나도 너처럼 아팠던 적이 있어." 통상 가장 먼저 시도하는 공감의 대화 방식은 이렇게 자신의 이야기로 상대방을 위로하려는 자기 노출의 방식일 경우가 많습니다.

'공감'이라 쓰고 '오지랖'이라 읽지요

한국전쟁이 끝난 후에 가정마다 여러 명의 아기를 낳았습니다. 제 주위에 보면 '58년생 개띠' 교수님이 참 많습니다. 우리나라에서는 전쟁 이후, 즉 1950년대 중반 이후 출생률이 유난히 높아졌습니다. 이때부터 통상 1969년까지 태어난 사람들을 베이비붐 세대라고 부릅니다. 국가의 산업화와 민주화를 이끌었던 역동적인 세대로 여겨지기도 하지만, 최근에는 '마지막으로 부모를 봉양하는 세대' 또는 '처음으로 자녀에게 버림받을 세대'라고 씁쓸한 전망을 하기도 합니다.

반면, 베이비붐 세대의 자녀들은 이 시대를 어떤 감정으로 살아가고 있을까요? 혹자는 베이비붐 세대의 자녀 세대를

'처음으로 자식이 부모보다 못사는 세대'가 될 것이라고 예측합니다. 부모는 자녀에게 봉양받기를 포기하고, 자녀는 부모보다 못한 자신의 신세를 한탄한다면 세대 간 소통은 더욱더 어려워 보입니다. 그래서인지 요즘 세대 갈등의 심각성을 걱정하는 사람이 많습니다.

젊은 세대는 기성세대가 자신들이 가지고 있는 어려움을 충분히 공감해 주지 못한다고 느낍니다. 나름대로 부모가 공감한다면서 다가와 자꾸 '라떼 드립'을 해대면 어떤 기분일까요? 자녀는 고개를 절레절레 흔들 수밖에 없습니다.

"나 때는 말이야. 참고서 구하기가 어려워서 친척 형이나 누나에게 물려받아서 공부했거든. 너처럼 학원에서 예상 문제까지 다 뽑아주고 했다면, 정말 공부 잘했을 것 같아."

부모들도 억울합니다. 자신들의 부모 봉양은 물론 자녀 교육에도 혼신을 다 바쳐왔건만, 자녀들은 '꼰대'라면서 대화 자체를 기피하니까요. 부모 세대는 고군분투하며 살아온 과거 역사를 접점으로 삼아 자녀 세대의 지친 마음을 이해해 보고자 나름대로 노력합니다. 하지만 결과는 그리 좋지 않습니다. 잘 알지도 못하면서 참견만 하려는 '오지라퍼(오지랖이 넓은 사람)'로 낙인찍히기 일쑤입니다.

문제는 부모 세대와 자녀 세대 사이의 경제적 상황이나 사회적 여건의 차이가 아닙니다. 두 세대가 서로 공감하지 못하는 것이 가장 큰 문제입니다. 앞서 언급한 것처럼 소통의 본질은 정보의 교환이 아니라, 감정적 공유와 공감입니다. 아쉽게도 부모 세대와 자녀 세대 사이에 이러한 감정적 소통이 제대로 이루어지지 않는 것이지요.

분명 부모들이 자녀들에게 자신의 열악했던 여건이나 환경을 말하려는 시도는 자녀의 고통과 견주어가면서 자녀의 심리적 어려움에 대해 공감의 마음을 표현하기 위함일 것입니다.

그런데 그런 의도와는 별개로 자녀는 부모의 과거 이야기를 대개 부모의 무용담이나 자기 자랑 정도로 여기게 마련입니다. 때로는 자신의 이야기를 제대로 경청하지 않고, 결국 자신의 마음은 무시한다고 단절감을 느낄 수도 있습니다. 이럴 경우 부모의 공감 점수는 낙제점이 되고 맙니다.

저 같은 상담 전문가가 보기에는, 대화를 할 때 공감을 표시할 목적으로 자신의 이야기를 예로 사용하는 자기 노출은 실패 가능성이 매우 높습니다. 결국 상대방의 이야기를 경청하기보다 자신의 이야기를 더 중요하게 여기는 태도로 받아들여지기 때문입니다. 어찌되었든 상대방은 본인의 이야기를 온전히 들어주기를 기대하기 때문이지요.

저는 베이비붐 세대와 같은 부모 세대만 꼰대가 되는 것이 아니라, 누구나 꼰대가 될 수 있다고 했습니다. 나이나 성별 때문에 꼰대가 되는 것은 아닙니다. 상대방과 대화할 때 자꾸 자신의 이야기를 꺼내는 일은 어쩌면 우리 모두를 '꼰대스럽게' 만드는 대화 방식입니다. 서로 공통점을 찾아서 공감하기 위해서라지만, 결국 공감과는 거리가 멀어집니다.

여러분도 친구들과의 대화를 찬찬히 들여다보세요. 상대방의 이야기를 듣다가 갑자기 자신의 이야기를 하고 싶을 때가 있으시지요?

"무슨 말인지 알아! 나도 그런 적 있어."

이렇게 자신의 이야기를 꺼내기 시작할 것입니다. 친구와 유사한 자신의 경험을 공유하면 친구가 위로를 받을 것이라고 여기겠지만, 결과는 어떨까요? 친구는 아마 속으로 이런 느낌이 들지 모릅니다. '안·물·안·궁!' '안 물었고 안 궁금하다'는 뜻의 신조어 아시지요?

예를 들어볼까요? 한 중학생이 친구에게 어젯밤 아버지에게 야단맞은 일에 대해서 이야기를 했습니다. 친구는 몇 마디 듣지도 않고서 갑자기 지난주에 자신도 아버지에게 혼난 일을 덩달아 이야기하기 시작합니다. 친구의 이야기는 끝이 날 줄 모릅니다. 심지어 자신이 얼마나 심하게 혼이 났는지 열을 내면서 말합니다.

이러한 자기 노출은 공감 근처도 못 가고 끝나고 맙니다. 한참을 떠든 친구의 마지막 한마디는 이런 것이겠지요.

"그러니까 나도 네 마음 누구보다 잘 알 것 같아."

'어쩌라고' 심리를 아십니까

대한민국 초등학생들이 '어쩌라고'의 줄임말로 '어쩔'이라는 유행어를 만들었습니다. 주위에서 누군가가 쓸데없이 참견했을 때 이런 말을 자주 쓴다고 하지요. 상대방을 공감한다고 우리가 자신의 이야기를 노출하면 할수록 상대방은 이런 느낌이 듭니다. '왜 갑자기 자기 이야기를 꺼내지. 그래서 어쩌라고?'

그럼, 누가 대화 중에 이런 자기 노출을 자주 할까요? 상대방에게 조언을 주고 싶은 사람일수록 이런 유혹에 빠집니다. 인생 선배로서, 부모로서, 혹은 선생으로서 대화를 하면 자신의 경험을 꺼내서 조언을 주게 됩니다. '나 때는 말이야'로 시작하는 '라떼 드립'도 이때 자주 등장하지요.

꼭 나이가 든 부모 세대만 이런 자기 노출을 자주 하는 것은 아닙니다. 앞에서 소개한 적 있는 꼰대에 대한 다큐멘터리에서 일부 20대나 30대 여성도 '그렇다'라고 답한 꼰대 문항이 하나 있습니다.

'사생활의 영역도 인생 선배로서 답을 제시할 수 있다.'

비교적 나이가 어린 젊은 세대도, 남성이 아닌 여성도 후배에게 답을 주려고 하면, 자주 자신의 이야기를 배경으로 설명하게 마련입니다.

회사나 학교에서 세대 차이가 그리 많이 나지 않더라도 그저 인생 선배로서 도움이 필요한 후배에게 자신의 인생 노하우를 전수하려고 들면, 왜 후배들은 '어쩌라고?' 심리가 발동되어 내심 기분 나빠 하는 걸까요?

이유는 참 간단합니다. 자신이 품고 있는 감정들은 제대로 다루어지지 않고, 상대방이 무턱대고 해결책만 제시하려고 드는 것처럼 느껴지기 때문입니다. 보통 친구 사이의 대화도 마찬가지입니다. 다시 앞에서 말한 예를 들어보지요. 친구가 부모님에게 야단을 맞고, 여러분 앞에서 분통을 터뜨릴 때 어떻게 하시겠습니까?

좀 전에 언급한 것처럼 여러분도 자신의 부모님에게 부당한 일로 혼이 난 사건을 떠올릴 수 있습니다. 가끔씩 친구끼리 공통분모를 가지고 대화를 나누다 보면 서로 위안을 얻기도 합니다. 그래서 여러분은 마치 인생 선배처럼 자신이 겪은 부모님과의 경험을 바탕으로 친구에게 대책을 세워주기도 합니다.

"차라리 무시해 버려. 그러면 마음이 편해져!"

그런데 그런 조언이 친구에게는 큰 도움이 안 될 때가 많습니다. 친구의 사정과 내 사정은 전혀 다를 수 있기 때문입니다. 친구는 해결책을 달라고 그런 이야기를 꺼낸 것이 아닐 수 있습니다. 어쩌면 이야기를 하면서 그 억울한 마음과 분한 마음이 어느 정도 해소될 수 있으리라고 기대했을지도 모릅니다.

그런데 여러분이 자신의 경험을 가지고 답을 내리려고 하면 친구는 허탈해집니다. 그러다가 친구는 괜히 이야기를 꺼냈다고 후회감이 몰려올 수도 있습니다. 친구는 그저 본인의 이야기를 가만히 들어주기를 바라고 있는지도 모릅니다. 그리고 부모님에게 당한 경험으로 인해 생긴 감정을 있는 그대로 이해해 주기를 바라고 있을 것입니다.

여러분이 갑자기 주제를 바꿔 이야기를 이어가더니 결국 해결책까지 제시하면 친구는 마치 자신의 감정이 무시당하는 것 같은 배신감까지 느낍니다. 이때도 '어쩌라고' 심리가 발동할 수 있습니다. 이는 이야기를 듣는 상대가 섣부른 단정과 간섭을 한다고 여기는 순간에 드는 '단절감'입니다.

반대로 생각해 볼까요? 여러분이 어떤 이야기를 꺼내도 자신의 이야기로 받고 손쉽게 조언을 던지는 이들을 한번 떠올려 보세요. 그런 이들을 결코 공감을 잘해주는 사람이라고 여기지는 않을 것입니다.

그리고 그들의 해결책이 자신과는 전혀 무관하다고 여길 경우 당연히 '어쩌라고' 심리가 생기겠지요. 더 이상 그 사람들에게는 말을 꺼내고 싶지도 않을 것입니다. 결국 공통 관심사로 공감을 해보려는 그들의 시도는 단절감이라고 하는 뼈아픈 결과만 낳는 셈입니다.

자기 이야기가 도움이 되려면

가끔 우리의 이야기가 상대방에게 도움이 될 때도 있습니다. 자신만 그런 불행을 겪은 줄 알았는데, 다른 사람도 유사한 경험이 있다는 사실을 알면 위안이 되는 것이지요. 예컨대 아버지의 암 진단으로 인해 걱정에 휩싸인 친구가 있다고 가정해 보지요. 그런 친구가 이런 사실을 이야기했을 때 여러분은 어떻게 반응할 수 있을까요?

여러분 주변에서 암 진단을 받은 사람이 단 한 사람도 없다면 친구의 심정을 헤아리기가 쉽지 않을 것입니다. 그런데 주변에 그런 친척이 있다고 가정해 볼까요? 이모나 고모가 암 진단을 받아 치료를 받고 최근 완치 판정을 받았습니다. 그렇다면 여러분은 친구에게 이 이야기를 꺼내고 싶지 않을까요?

당연히 간접적으로 겪은 친척의 투병기를 전달하고 싶겠지요. 대화 중에 자연스럽게 친척의 암 투병 이야기를 노출합니다. 이때 친척의 암 진단, 치료 기간과 과정, 현재의 상태에 대한 정보 등을 연이어 설명한다면 앞서 이야기한 것처럼 '안·물·안·궁'으로 마무리될 위험이 있어요. 그렇다면 여러분의 경험을 소개할 때, 친구에게 제대로 된 위안이 되려면 어떻게 해야 할까요?

자신이 가진 경험을 친구와 공유하고자 할 때 가장 중요한 것은 바로 감정을 다루는 일입니다. 친척의 암 투병기를 자세하게 설명하는 일은 그리 중요한 일이 아닙니다. 암 진단을 처음 받았을 때 주변의 심리적 충격, 치료 과정에서 겪게 되는 환자의 고통과 가족들의 불안 등을 공유하는 일이 무엇보다 중요합니다.

"우리 이모도 작년에 암 진단을 받았거든. 그래서 이런 일이 얼마나 가족을 고통스럽게 하는지 조금 알아. 게다가 너

는 아빠에게 그런 일이 생겼으니 얼마나 놀라고 충격이 컸
겠어. 결과가 어떻게 나올지 지금 많이 불안하기도 할 것
같은데."

단순히 자신의 경험을 연대기적으로 기술하는 일은 전혀
도움이 되지 않습니다. 하지만 과거 사건에서 경험했던 자신
의 느낌을 함께 나누는 일은 단순한 자기 노출을 공감으로
이끄는 중요한 열쇠가 됩니다. 상대방의 감정에 나의 감정을
덧대는 일이 병행될 때 우리는 자신의 이야기를 통해서 공
감의 마음을 전달할 수 있기 때문입니다.

하지만 대개 과거 경험을 꺼낼 경우, 감정만 쏙 빼놓고 이
야기할 때가 무척 많습니다. 이럴 때 자연스럽게 가짜 공감
의 함정에 빠지는 것입니다.

예컨대 여러분의 이모가 몇 년도에 진단을 받았는지, 어떤
치료를 얼마 동안 받았는지, 부작용은 어떤 것이 있었는지,
그리고 결국 완치 판정을 받고 지금은 얼마나 건강하게 살
고 있는지를 상세하게 설명했다고 가정해 보지요. 그리고 맨
마지막에는 이렇게 마무리를 합니다.

"네 아빠랑 우리 이모랑 나이도 비슷하시니까 분명히 완치 되실 수 있을 거야! 알았지? 힘내!"

친구는 이러한 결론에 어느 정도 힘을 얻을 수도 있을 것 입니다. 하지만 결국 완치된 사람은 여러분의 이모이고, 친 구의 아버지는 현재 암 진단 말고는 어떠한 치료 과정도 겪 지 않은 상태입니다. 여러분의 이모와 친구의 아버지가 같은 연배라고 해서 무조건 같은 병세와 같은 치료 결과가 나타나 리라고 기대하기도 힘듭니다. 그래서 친구는 더욱 불안하겠 지요. 그런데 그런 친구의 감정을 하나도 헤아리지 않는다면 자기 노출은 공감 근처도 못 가보고 끝나고 마는 것입니다.

다시 요약해 보겠습니다. 상대방과 공감하기 위해 자신의 경험을 무조건 꺼내지도 말라는 말이 아닙니다. 그 대신 경 험을 대화 중에 사용하고자 한다면, 반드시 이 점을 기억해 야 합니다. 경험한 일의 디테일을 전하는 일은 그리 중요하 지 않습니다. 오히려 그러한 일을 통해 경험한 감정을 공유 하는 일이 훨씬 중요합니다.

어떨 때는 굳이 유사한 경험을 했다고 이야기할 필요조차 없을 수 있습니다. 다행히 비슷한 경험을 가지고 있어서 속으로 상대방의 감정적 경험을 유추해 볼 수 있다면, 상대방의 감정을 헤아리는 일이 충분히 가능합니다.

"암 진단이라는 것 자체가 주변 사람을 공포로 몰아넣잖아? 아빠가 그런 진단을 받았으니 얼마나 심리적인 충격이 심할지 상상이 안 된다. 지금 심정이 어때?"

여러분이 친척의 암 진단으로 인해 간접적인 충격을 경험했더라도, 굳이 그 이야기를 친구에게 자세히 꺼내지 않아도 됩니다. 단지 그때 경험한 감정을 떠올리면서 대화를 이어갈 수 있다면, 친구의 느낌을 헤아리는 공감의 대화를 이어갈 수 있기 때문입니다.

상담에서 자기 노출을 금하는 이유

저는 미국 유학 시절 심리상담 전문기관에서 인턴과 레지턴트 실습 과정에 참여했습니다. 이때 심리상담에서는 상담사의 자기 노출을 거의 금지하다시피 하는 것을 처음 알았습니다.

심리상담사는 상담 시간 50분 동안 내담자 삶의 이야기를 경청하는 일을 최우선적으로 진행해야 하는 전문가입니다. 그런데 "나도 비슷한 경험이 있어요"라는 심리상담사의 언급이 왜 심리상담을 방해한다고 보는지 처음에는 참 의아했습니다.

예를 들어보겠습니다. 집에서 늘 불안을 경험하는 한 중학생이 상담 전문 교사를 찾았습니다. 이 내담자는 부모님이 집 안에 계시면 다투는 일이 많고, 그때마다 안절부절못하고 집을 뛰쳐나오는 일이 많다고 이야기를 시작했습니다. 주말에는 더더욱 집에 있는 게 힘들어 일부러 학원에 하루 종일 있다가 집에 들어가기도 한다고 말했습니다.

최근 시험 기간에는 불안한 나머지 친구 집에서 공부한다고 거짓말을 하고 며칠 동안 PC방 같은 곳에서 잠을 자기도 했습니다. 여전히 불안한 마음을 가진 내담자가 며칠을 외박하고 귀가한 날, 부모님은 자신에게 아무것도 묻지 않았다고 내담자는 작은 목소리로 이야기했습니다. 부모님은 내담자의 학업이나 진로 등에도 아무런 관심이 없었습니다.

만약 상담 선생님도 내담자와 비슷한 학창 시절을 경험했다고 가정해 보지요. 부모님이 관계가 좋지 않아 다투는 일이 많았고 학창 시절에 가출했던 경험이 있었다면, 선생님은 자신의 이야기를 상담 중에 꺼낼 수도 있습니다. 그렇다면 선생님은 이렇게 이야기를 시작할 겁니다.

"선생님도 아주 비슷한 경험이 있어. 나는 너보다 더 어릴 때부터 부모님 때문에 가출을 시작했단다."

순간 내담자는 늘 착하게만 살아왔을 것 같은 선생님의 '흑역사'를 듣고 싶어질 것입니다. 그래서 좀 더 자세히 듣기 원할 수도 있습니다.

"진짜요? 선생님도요? 좀 더 자세히 이야기해 주세요."

학생이 이렇게 강력하게 요청하기까지 한다면, 상담 선생님은 주저하지 않고 자신의 이야기를 학생과 나누고 싶어지겠지요. 드라마틱한 가출기를 아주 자세하게 설명할 수도 있습니다. 내담자가 신기한 듯 쳐다보면 선생님은 더 세세하게 자신의 이야기를 할 수도 있습니다.

그러다가 결국 자신이 정신을 차려 가출을 끝내고 가정으로 돌아온 이야기, 그리고 어떻게 다시 학업에 집중하게 되었는지 그 과정도 소개할 것입니다. 마지막에는 내담자에게 이렇게 조언할 수도 있지요.

"그러니깐 네가 어떤 마음일지 선생님은 누구보다 잘 알아. 하지만 시간이 지나면 분명 좋아질 수 있어. 이 또한 지나가리라. 알았지?"

여러분이 이 선생님의 상담에 대해 몇 점을 줄지 참 궁금합니다. 제가 유학 시절에 심리상담 실습 훈련을 받을 때, 제 슈퍼바이저 교수님은 심리상담 중 상담사 자신의 경험을 이야기하는 것을 비非전문적일 뿐 아니라, 비非윤리적인 일이라고 단호하게 경고했습니다. 왜 비윤리적이라고까지 하셨을까요?

심리상담 전문가가 내담자의 이야기를 충분히 듣고, 가장 먼저 해야 할 일은 바로 공감적 이해입니다. 무엇보다 내담자의 경험을 감정적으로 이해하고 공감하는 일이 가장 필수적인 과제이지요. 그런데 심리상담사가 자신의 이야기를 공유하는 일은 자칫 내담자에게 단절감을 줄 뿐 아니라 심리 상담사에게까지 하찮은 존재처럼 여겨지는 유기불안을 가중할 수도 있습니다. 이게 무슨 말일까요?

내담자는 상담 선생님의 가출 경험을 듣고 약간의 동질감을 느낄 수 있을지도 모릅니다. 자신만 이런 경험을 한 것이 아니라는 데서 오는 일시적인 위로도 경험할지 모릅니다. 하지만 거기까지입니다. 그러한 동질감 정도로 내담자가 가정생활에서 겪는 불안과 공포감을 충분히 대체할 수 없습니다. 특히 부모로부터 버려진 것처럼 느끼는 유기불안은 아직 전혀 다루어지지 않았습니다.

제 슈퍼바이저 교수님이 심리상담사의 자기 노출을 비윤리적이라고 한 이유는 내담자의 상처에 소금을 뿌리는 행위가 될 수도 있기 때문입니다. 전문가인 상담 선생님조차 자신의 정서적 어려움을 전혀 이해해 주지 않는 것 같은 느낌을 받으면 내담자의 유기불안은 더욱 강화됩니다.

때로는 내담자가 물어볼 수도 있습니다. "선생님은 이런 경험 없으셨지요?" 이렇게 물어본다면, 그때는 선생님이 자신의 흑역사를 공개해도 되는 걸까요? 이제 여러분은 이미 제 대답을 알고 계실 것 같습니다. 자신의 이야기를 노출하는 일 자체가 문제가 되는 것은 아닙니다. 무엇보다 중요한 일은 자신의 사건 내용을 전달하는 것이 아니라 그 사건에서 겪은 자신의 느낌을 공유하는 일입니다.

이 학생은 자기 말고 누구도 그런 경험이 없을 것이라고 믿고 있습니다. 자신만 홀로 외롭게 느끼고 있는 유기불안을 질문을 통해 살포시 드러낸 것이지요.

"그런 질문을 하는 걸 보니 아마 너 혼자 그런 경험을 하고 있을 거라고 느끼는 모양이구나. 선생님도 너처럼 집안의 문제로 인해 가출한 적이 있었어. 그때 얼마나 두렵고 무서웠는지 지금도 그 느낌이 생생하다. 지금 네게 가장 두려운 느낌은 자칫 네가 홀로 남겨질 것 같은 불안감일 것 같은데, 어때?"

지금 상담 선생님은 자신의 이야기를 노출하는 것은 최소한으로 하고, 무엇보다 내담자와 감정을 조율하려고 노력하고 있습니다. 꼭 전문가가 아니더라도, 우리도 심리상담사와 같은 훈련을 해보면 공감의 기술을 익히는 데 도움이 될 수 있습니다.

자기 노출이 공감으로 치환될 수는 없습니다. 자기 자신의 과거 사건을 반추해 보는 것은 좋지만, 반드시 그 사건에서 겪은 정서적 경험을 대화에 활용할 수 있어야 합니다. 그래야 자기 노출을 가짜 공감이 아닌, 진짜 공감으로 가는 통로로 삼을 수 있습니다.

일반화:
나도 그래.
모두가 다 그래!

○

일반화는 우리가 어떤 문제가 닥치면 빠른
해결을 보려는 태도에서 시작됩니다. 특히
나 감정적인 어려움을 들으면, 우리는 더
더욱 빠르게 해결을 추진하고자 합니다.
"나도 그래. 모두가 그래"라는 일반화가
가장 빠르게 상대방의 문제를 해결해 준다
고 믿습니다. 하지만 일반화는 문제를 잠
시 덮는 임시방편에 불과합니다.

성급한 일반화의 오류

세 명의 시각장애인들이 코끼리를 만지고 나서 이 동물에 대해 각자 평을 합니다. 코를 만졌던 첫 번째 사람은 코끼리가 두꺼운 고무호스와 같다고 말했습니다. 귀를 만진 또 다른 사람은 코끼리는 부채 같다고 정의했습니다. 마지막 사람은 코끼리의 다리통을 만지고 나서 큰 기둥과 같다고 말했습니다.

이때 각자가 코끼리의 실체를 고무호스, 부채, 혹은 기둥이라고 성급하게 일반화하여 결론을 내리면 어떻게 될까요?

이러한 성급한 일반화는 코끼리라는 동물의 입체적인 진실을 충분히 담아내지 못합니다.

논리학에서 말하는 '성급한 일반화의 오류'는 우리의 일상적인 대화에서도 쉽게 나타납니다. 모든 사람은 대개 비슷한 경험을 공유하지만, 모든 경험에는 미세한 차이가 있습니다. 그렇기 때문에 특히 대화 중 상대방의 정서적인 경험을 일반화하고 나면, 대화의 질은 급격하게 떨어집니다.

예를 들어보겠습니다. 코로나19 팬데믹으로 인해 자가 격리하는 사람들이 늘어나면서 많은 사람이 우울감을 느꼈습니다. 친구가 어느 날 자신도 우울하다고 말했다고 가정해보세요. 여러분은 성급하게 그 친구의 우울감을 자신을 비롯한 다른 사람의 우울감과 같은 것이라고 여기고 이렇게 응답할 수 있습니다.

"나도 그래. 요즘에는 주변 사람이 다 우울한 것 같아."

과연 친구의 우울감이 모든 사람의 우울감과 같은 것이라고 성급하게 일반화하는 일이 친구에게 도움이 될까요? 아마도 친구는 자신의 특정 감정을 모든 사람의 감정처럼 희

석해 버릴 때 자신의 감정이 충분히 존중받았다는 느낌을 가지기 어려울 수도 있습니다.

물론 여러분은 '너만 그런 감정을 가진 게 아니니까 염려하지 마!'라는 위로의 메시지를 담고 있다고 여길 수도 있습니다. 하지만 논리적으로 성급한 일반화가 전체적인 진실을 충분히 담아내지 못하는 것처럼, 정서적으로도 개인의 감정을 모든 사람의 감정과 동일하다고 성급하게 일반화하는 것은 개인의 감정을 세밀하게 공감하는 일을 방해합니다.

우울감이 심해져서 심리상담사를 찾은 내담자의 경우를 생각해 보세요. 그가 우울감을 호소했을 때, 상담사는 현재 인구통계학적으로 얼마나 많은 사람이 유사한 우울감을 가지고 사는지 이야기하지 않습니다. 즉 내담자의 감정을 일반화하는 데 시간을 들이지 않는 것이지요.

심리상담사는 마치 지구상에 오직 그 내담자만이 그런 우울감을 가지고 사는 사람처럼 생각하고 오로지 그의 감정에 집중하고자 합니다. 그래야 내담자가 심리적 고통이라고 여기는 감정들에 대해 있는 그대로 공감하는 일이 가능해집니다.

우리가 흔히 친구들이나 가족과의 대화에서 아주 쉽게 던지는 말이 바로 이러한 일반화의 오류를 담고 있다는 사실을 아십니까?

"너만 그런 감정 가지고 있는 거 아냐! 나도 그래."
"공부하는 게 좋은 사람이 어디 있니? 다들 공부는 힘들어해."
"한국에 고3 수험생이 몇 명인 줄 아니? 너만 스트레스 받는 거 아니거든."

이런 일반화의 대화 방식은 대부분 정서적인 대화를 즉각적으로 방해합니다. 보통 상대방의 감정이나 스트레스를 일반화해 버리면 상대방은 퉁명스럽게 답변합니다.

"알았어! 무슨 말을 못 해!"

스스로 감정을 다루는 데 익숙하지 않은 사람일수록 일반화를 많이 하는 경향이 있습니다. 상대방이 불편한 감정적 표현을 하면, 바로 모든 사람의 감정인 것처럼 반자동적으로 일반화합니다. 그러고 나면 더 이상 상대방의 감정을 깊이 다루지 않아도 되기 때문입니다. 누구나 상대방의 감정 세계로 들어가는 데 보이지 않는 두려움이 있을 때 임시방편으로 일반화의 대화를 하는 경우가 많습니다.

놀이터 미끄럼틀에서 넘어져서 울음을 터뜨리는 어린아이를 달래는 부모님의 대화 방식을 보면 그 차이점을 발견할 수 있습니다. 평소에 아이와 감정적 교류가 많지 않았던 아빠는 아이를 향해서 반자동적으로 이렇게 외칩니다.

"원래 놀이터에서는 누구나 넘어질 수 있어. 그런 걸로 안 죽어! 울지 마!"

이때 아빠의 말씀은 하나도 틀린 게 없습니다. 놀이터에서 많은 사람이 넘어집니다. 당연히 그렇게 넘어진다고 사망하는 경우는 아주 드뭅니다. 그런데 왜 그런 아빠의 말을 듣고 나서도 그 아이는 숨이 넘어가도록 울음을 그치지 못할까요?

일단 아빠의 이야기는 아이가 가진 감정을 충분히 담아내지 못합니다. 아빠는 놀이터에서 넘어지는 대다수 아이들의 이야기와 성급하게 연결하지만, 깜짝 놀란 아이의 불안감은 전혀 존중받지 못하고 있기 때문입니다.

반면에 엄마는 아이에게 다가가 아이의 감정부터 공감합니다.

"아이고, 우리 아이가 많이 놀랐구나? 어디가 아파? 무릎인가? 어디 한번 보자."

아이는 자신의 감정을 읽어주는 엄마 품에 꼭 안깁니다. 아빠는 또다시 뒤에서 소리칩니다. "그런 걸로 안 죽는다니까!" 네, 그렇습니다. 아빠의 말도 진실입니다. 하지만 아쉽게도 아이의 감정적인 진실에는 한참 못 미치고 맙니다.

일반화, 남녀 차이는 없어요

그렇다고 아빠들만 일반화를 많이 한다고 편견을 가지지마시기 바랍니다. 감정을 다루는 데 익숙하지 않는 남성이 일반화하는 개념적 사고를 비교적 많이 한다는 것이지, 모든 아빠가 다 그런 것은 아닙니다. 마찬가지로 여학생에 비해 남학생은 감정에 관한 대화를 나누는 일이 익숙하지 않다 보니, 친구의 문제를 모두의 문제로 환원하는 일이 자주 일어나는 것입니다.

일반화를 미리 계획적으로 하는 경우는 없습니다. 대화 중에 갑자기 상대방이 심리적인 위기를 토로하고 자신의 감정을 표출할 경우, 반자동적으로 일반화하는 방식으로 대응하는 경우가 많습니다. 이런 급작스러운 경우에는 더욱이 성별 차이란 존재하지 않는 것 같습니다.

아주 오래전에 이런 이야기를 들은 적이 있습니다. 아기를 출산하려는 임신부가 진통을 심하게 겪을 때, 가끔 수간호사에게 외마디 비명과 함께 이렇게 외친다고 합니다. "선생님, 저 이러다 죽을 것 같아요!" 이때 마음이 급해진 수간호사가 위로의 말을 던집니다.

"걱정하지 마세요. 저는 아이 셋이나 낳았어요. 세상 엄마들 다 아기 잘만 낳고 잘 살아요. 절대 안 죽어요!"

아마도 평소에 공감을 잘해주던 간호사 선생님도 이렇게 위급한 순간이 닥치면, 세상 엄마들 모두가 아기 잘만 낳고 잘 산다는 일반화에 빠지고 맙니다. 고통스러운 진통의 순간을 맞이하는 사람에게 이런 일반적인 사실을 전달하는 것이 얼마나 큰 도움이 되었을까요? 아마도 그 절체절명의 순간, 산모는 간호사 선생님이 죽음이 목전까지 느껴지는 자신의 공포감을 충분히 이해하고 공감했다고 느끼지는 못했을 것입니다.

그래서 상대방이 갑작스럽게 감정적인 어려움을 토로하는 순간에 일반화로 대응하지 않는 일은 오랜 훈련이 필요한 일일지 모릅니다. 심리상담사 역시 감정 대응에 대한 충분한 준비가 되어 있지 않다면, 어처구니없는 실수를 할 때가 많습니다. 전문가들 사이에서도 남녀 차이란 존재하지 않습니다. 누구든지 미리 준비하고 연습과 훈련을 많이 해야 이런 실수를 덜할 수 있지요.

심리상담 중에 내담자가 오랫동안 교제해 온 사람과 갑자기 헤어졌다면서 눈물을 흘릴 때가 있습니다. 벌써 한 달째 아무 일도 손에 잡히지 않는다고 말합니다. 전문가라도 평소에 이런 감정 표현에 대한 대응력을 기르지 않으면, 공감에 실패하는 경우가 많습니다. 세상에는 갑자기 헤어짐의 아픔을 겪는 사람들이 부지기수이고, 그런 슬픔에 잠기는 것도 너무 당연하다는 생각이 드는 것이지요. 그러면 일반화가 자연스럽게 진행됩니다.

"그렇게 오랫동안 사귀었는데, 바로 정상이 된다면 그게 이상한 거죠. 다들 헤어지면 몇 달씩은 정신을 못 차려요."

내담자는 아직 헤어진 지 한 달밖에 안 되었으니 심리상담사의 말에 큰 위로를 얻을까요? 아마도 현재 자신이 겪고 있는 허망감과 외로움을 선생님이 오롯이 공감해 주었다고 느낄 수는 없지 않을까요?

아무리 평소에 감정적인 대화를 자주 나누었던 여학생들이라도 마찬가지입니다. 헤어진 남자친구가 자꾸자꾸 생각난다는 친구의 말에 돌연 일반화로 대응하는 경우가 발생합니다.

"세상의 반이 남자야! 남자들은 헤어진 여자 못 잊어서 질질 끌어도, 원래 여자들은 몇 달이면 다 잊어버려. 너 분명히 몇 달 뒤면 멀쩡해질 거야."

이렇게 일반화의 엄습은 너무 빠르고 강해서 친구의 마음을 있는 그대로 이해하는 일을 방해합니다. 누구나 돌발 상황이 닥치면 여지없이 일반화의 방패를 사용하지요. 우리 모두 평소에 준비하고 연습하지 않으면 초반부터 상대방과의 감정적 접촉을 봉쇄하고 마는 실수를 범하게 됩니다.

일반화를 막는 '에코 기법'

제가 중학생 시절의 일입니다. 남녀공학 중학교를 다녔던 저는 좋아하는 여학생이 있었습니다. 어느 날 그 여학생의 친구로부터 전화가 걸려왔습니다. 제가 좋아하는 여학생이 동네의 한 제과점에서 저를 만나고 싶어 한다고 메시지를 전달한 것이었습니다.

당시에는 중학생들이 학교 밖에서 만나 이성 교제를 하는 것이 금지되어 있었습니다. 물론 법적으로 금지된 것은 아니지만, 가끔 학생지도 선생님들에게 발각되면 징계를 받을 수도 있었던 이상한 시절이었지요. 하지만 저는 하늘을 찌를 듯 기뻐했지요.

떨리는 마음으로 첫 번째 데이트를 준비하던 저는 만나면 무슨 이야기를 해야 할지 큰 고민에 빠졌습니다. 공통의 관심사가 있으면 그 이야기를 하면 될 텐데 그 여학생에 대한 정보가 거의 없었습니다. 그래서 저는 영어 과외 수업을 해주던 대학생 형에게 조언을 구하기로 했습니다.

형은 자신이 여대생들에게 엄청 인기가 많다면서 자랑하기 시작했습니다. 그리고 대부분 첫 번째 데이트에서 남자들이 망하는 지름길이 있다고 알려줬습니다. 보통 남자들은 데이트에서 재미있는 이야기를 많이 해야 된다고 믿고, 혼자 떠들다 오는 것이 실패의 원인이라는 것이었습니다. 저는 그 인기쟁이 대학생 형에게 데이트 성공의 지름길도 알려달라고 졸랐지요.

형은 제게 비법 하나를 전수해 주었습니다. 단시간에 여학생에게 호감을 줄 수 있는 대화법이라고 말하면서 자신의 비법을 '에코 기법'이라고 이름 붙였지요. 여학생이 이야기를 시작하면, 그대로 메아리처럼 반복해서 이야기하는 것이라고 설명했습니다.

형의 말이 쉽게 이해되지 않던 저는 좀 더 자세히 설명해달라고 요청했습니다. 영어를 가르쳤던 형은 영어 과목을 예로 들어 설명했습니다.

"수영아, 너는 영어 좋아하니? 나는 정말 영어가 싫어. 특
히 영어 듣기는 해도 해도 너무 어려워 죽겠어."

그 형은 만약 여학생이 이렇게 이야기한다면 뭐라고 대꾸
할 건지 물었습니다. 그리고 보통은 이런 답변을 한다는 것
이었지요.

"나도 영어 싫어해. 중학생들 중에서 영어 듣기 좋아하는
사람 별로 없지 않나?"

이런 답변은 낙제점이라고 설명한 형은 그냥 여학생이
말한 것을 메아리치듯이 그대로 말해보라고 했습니다. 제
가 고개를 갸우뚱했더니 시범을 보여주었습니다.
여학생이 다음과 같이 이야기합니다.

"나는 정말 영어가 싫어. 특히 영어 듣기는 해도 해도 너무
어려워 죽겠어."

그러면 이야기를 들은 제가 그대로 반영하여 답하는 것입니다.

"너는 영어가 싫구나. 그래, 영어 듣기는 해도 해도 너무 어려워 죽겠지."

형은 이 대답을 들은 여학생이 더욱더 신이 나서 자신의 이야기를 이어갈 것이라고 했습니다. 형은 재차 강조하여 설명했습니다. "첫째, 네 이야기를 많이 하려고 나서지 말 것! 둘째, 여자 친구의 말을 그대로 메아리쳐 반복하여 말할 것!" 이렇게 상대방의 이야기를 메아리쳐 주는 '에코 기법'을 쓰면 여자 친구는 제가 자신의 이야기를 온전히 경청하고 있다고 느끼기 때문에 제게 호감을 가질 수밖에 없다는 것이었습니다.

지금 생각해 보니 에코 기법은 기가 막힌 묘수였습니다. 지금은 형의 이름조차 기억이 나지 않지만, 그 기법은 아직도 제 뇌리에 박혀 있습니다. 그 형이 혹시 저처럼 상담학을 공부했던 대학생이 아니었을까 하는 생각이 들 정도로 그의 에코 기법은 공감의 기본을 알고 만든 대화법 같습니다.

"나도 영어 싫어해. 모든 중학생이 다 영어 싫어하지."

이러한 일반화는 결국 그 여자 친구의 감정에 제대로 집중하지 못하게 만듭니다. 에코 기법은 상대방의 이야기를 듣고 나서 성급하게 일반화로 빠지지 않도록 만드는 힘이 있습니다. 영어가 힘들다고 하면 "그래, 힘들구나"라고 말하고 영어 단어 외우는 것이 짜증난다고 하면 "그래, 짜증이 나지"라고 말하면서 상대방의 정서적 경험에서 크게 벗어나지 않도록 만드는 것이지요.

안타깝게도 당시 저는 그 기막힌 대화 기법의 용도를 제대로 이해하지 못했습니다. 첫 번째 데이트에서 에코 기법을 제대로 사용하지 못했고, 제가 훨씬 더 많이 떠들다가 돌아왔던 것으로 기억합니다. 그래서인지 그 여학생과의 만남은 그리 오래 가지 못했습니다.

감정 미러링의 힘

지금 생각해 보면, 형이 알려준 에코 기법은 상담학에서 주로 언급하는 '미러링mirroring'에 해당합니다. 미러링 기법은 거울처럼 비춰준다는 의미로, '반영하기'로 번역하기도 하는 공감의 기술입니다. 내담자가 자신의 감정을 표현하면, 그대로 반영해 주는 것이 공감의 기본입니다.

미러링은 우리가 상대방의 감정에 제대로 집중하지 못하고 성급한 일반화에 빠지지 않도록 도와줍니다. 일반화는 우리가 어떤 문제가 닥치면 빠른 해결을 보려는 태도에서 시작됩니다. 특히나 감정적인 어려움을 들으면, 우리는 더더욱 빠르게 해결을 추진하고자 합니다. "나도 그래. 모두가 그래"라는 일반화가 가장 빠르게 상대방의 문제를 해결해 준다고 믿습니다. 하지만 일반화는 문제를 잠시 덮는 임시방편에 불과합니다.

흔히 대화 전문가들은 일반화 방식을 '일회용 반창고 붙이기band-aiding'라고 부르곤 한답니다. 가장 신속하게 반응하는, 초기 대응 방식이라는 의미입니다. 몸에 작은 상처가 나면 소독약을 바르고 일회용 반창고를 붙이는 경우가 많습니다. 일회용 반창고는 상처가 덧나지 않도록 일시적으로 보호하는 역할을 합니다.

그런데 일회용 반창고는 그저 일회용일 뿐이지요. 하루가

지난 다음에는 꼭 벗겨내야 합니다. 상처가 곪지 않게 하려면 자주 소독을 하고 새로운 반창고를 붙여야지요. 그런데 상처가 아물기 시작하고, 상처에 딱지가 생기면 굳이 반창고로 막아놓을 필요가 없습니다. 습하지 않게 상처를 관리하는 것이 빠른 회복에 도움이 된다고 하지요.

일회용 반창고를 며칠씩 혹은 일주일 넘도록 사용해서는 안 되는 것처럼 대화 중에 일반화도 오래 사용하면 안 됩니다. 특히 정서적 어려움을 호소하는 이들에게는 단 한 번의 일반화 반응으로도 큰 상처를 주기 쉽습니다.

예를 들어보지요. 전문적으로 심리상담 서비스를 받고자 하는 청소년들은 대개 아주 힘들 때 상담실을 찾습니다. 특히 아무에게도 말하지 못하는 마음의 상처를 꺼내려면 많은 고민과 주저함의 시간이 필요합니다. 그렇게 어렵사리 심리상담사를 찾은 내담자가 처절하게 외롭다고 호소합니다. 자기편이 없는 것 같다면서 자꾸 극단적인 생각에 잠긴다고 털어놓을 때 심리상담사가 이렇게 반응한다면 어떨까요?

"그런 극단적인 생각을 하는 사람이 우리 주변에 생각보다 많아요. 현재 대한민국에는 인구 10만 명당 자살자 수가 25

명이 넘고요. 특히 19세 이하 청소년 자살자 수는 작년에 300명이 훌쩍 넘었어요. 그런 생각하는 게 이상한 일은 아니에요."

이런 심리상담사의 반응에 내담자는 어떤 느낌이 들까요? 아무리 훈련이 미비한 심리상담사라도 이렇게 내담자의 호소 문제를 일반화하는 방식으로 대응하는 일은 거의 없을 것입니다. 그렇다면 이렇게 반응하는 경우는 어떨지요?

"왜 그런 생각을 하세요? 아직 미래가 창창한데, 그런 생각을 하면 절대 안 되지요. 그 정도 어려움을 가진 청소년이 어디 한둘이겠어요? 아주 많아요. 하지만 다들 그러면서도 다 이겨내고 사는 거지요."

이 역시 내담자의 문제를 여느 청소년의 문제로 일반화하고 있습니다. 이런 반응을 듣는다면 아마도 대부분의 내담자들은 그 자리를 박차고 나오고 싶은 심정일 것입니다.

제가 오래전 과외 선생 형에게 들었던 에코 기법처럼 내담자의 정서적 상태를 그대로 거울 비추듯이 반영하는 것이 바로 심리상담사가 주로 사용하는 미러링입니다. 그 어떤 경우라도 심리상담사는 내담자의 감정을 미러링하는 일을 최우선으로 하도록 훈련받습니다.

"주변에 아무도 내 편이 없다고 느끼는 외로움이 얼마나 힘든 건지 잘 알지요. 그래서 그런 극단적인 생각까지 하고 계시는 군요."

아무에게도 말하지 못하고 꽁꽁 숨겨둔 마음의 이야기를 다른 사람에게 꺼내는 일은 참으로 힘든 난제입니다. 그것을 가능하게 하고, 마음의 맨 밑바닥 층에 있는 이야기까지 다 털어낼 수 있도록 만드는 힘이 무엇일까요? 그것은 바로 자신의 문제를 모든 세상 사람의 문제처럼 일반화하지 않고, 자신만의 문제로 여기고 공감해 주는 미러링의 힘입니다.

"나도 그래" vs. "그랬구나"

미러링은 꼭 심리상담사와의 대화에서만 유효한 이야기

가 아닙니다. 친구들과의 대화에서도 마찬가지입니다. 마음
이 상한 친구들이 속마음을 드러낼 때가 있습니다. 이때도
우리는 성급한 일반화의 오류를 범할 수 있습니다. 가장 자
주 쓰는 표현이 바로 "나도 그래!"이지요.

대부분 우리는 상대방의 이야기를 듣고, 강한 동의나 상대
방 편을 들어주는 표현으로 "나도, 나도!"를 사용해도 된다
고 굳게 믿습니다. 학급 회의에서 논의를 하는 중에 친구가
여러분의 의견을 물을 때는 당연히 이런 응답이 가능할 것
입니다.

하지만 마치 심리상담사를 찾아온 내담자처럼 친구가 마
음속 아픈 감정을 힘들게 꺼내놓을 때가 있습니다. 이때는
여러분에게 동의를 구한다기보다는 그저 조용히 경청해 주
고 자신의 감정을 이해해 달라는 요청을 하는 것이라고 생
각해야 합니다.

하지만 감정에 대한 이야기는 우리 모두를 불편하게 합니
다. 그래서 너무 쉽게 일반화의 방패로 상대방의 감정과 마주
하는 일을 회피하는 경우가 많은 것 같습니다. 친구가 갑자
기 마음의 이야기를 꺼내면 누구나 이내 불안해지기 시작합
니다. 에코 기법이나 미러링의 기술을 잘 알지 못하는 사람이

가장 쉽게 대응하는 방법은 이 한 가지로 귀결됩니다.

"나도 그래. 나도 그런 기분 진짜 자주 느껴. 어른들은 다들 그런 식인 것 같아!"

가끔 저는 방송에서 '-구나' 대화법을 소개합니다. 상대방이 어렵사리 감정을 표현하면 우리는 그것을 자신과 모두의 문제로 일반화하고 싶어집니다. '-구나' 대화법은 이때 쉽게 사용할 수 있는 미러링 대화법입니다. 피하지 않고 "그랬구나"라고 그대로 반영하는 방식입니다.

"어제 ○○○ 선배가 사람들 앞에서 창피를 주는 거야. 그래서 진짜 열받았어!"

친구가 이렇게 분노를 터뜨리면 어떻게 반응해야 할지 몰라 순간 당황합니다. 그래서 주로 ○○○ 선배에게 당한 사람이 주변에 아주 많다며 친구의 경험 자체를 일반화합니다.

"야, 나도 지난번에 그 선배에게 당한 적 있어. 그 인간한테 안 당한 후배가 거의 없잖아."

이런 일반화가 그 친구에게 얼마나 도움이 될까요? 아마 자신이 당한 모멸감을 아무것도 아닌 것처럼 여기는 태도로 느끼지는 않을까요?

그럼 '-구나' 대화법을 사용해 볼까요? 에코 기법이나 미러링을 기억하면 됩니다. 그저 상대방이 꺼낸 감정을 메아리 울리듯, 거울로 비추듯 그대로 반영해 주는 것입니다.

"갑자기 다른 사람들 앞에서 그런 창피를 당하다니, 정말 열 받았겠-구나?"

이렇게 친구의 느낌을 그대로 반영해 주다 보면 끝에 '-구나'를 쓰게 되어서 '-구나' 대화법이라는 명칭이 붙여진 것이지요. 지속적인 미러링의 기술은 상대방이 숨겨놓은 미세한 감정까지 충분히 꺼내놓을 수 있게 만드는 힘이 있습니다.

"열받은 정도가 아냐! 집에 가서도 분이 안 가라앉더라고.

어젯밤 한 잠도 못 잤어!"

"그 정도로? 집에 가서 분이 안 가라앉아서 잠도 제대로 못 잘 정도였-구나?"

"오늘 보니까 다른 사람들이 나를 쳐다보는 눈빛이 이상한 거야. 이제 사람들이 나를 우습게 보는 것 아닌가 하는 느낌이 확 들더라고."

"아, 그랬-구나. 어제 일 때문에 사람들이 모두 너를 우습게 보는 것처럼 느꼈-구나."

"나 이제 어떻게 하지? 창피해서 미치겠어. 다들 보고 싶지 않아."

"어떻게 하니? 다들 보고 싶지 않을 정도로 그렇게 창피한 마음까지 드는-구나."

이쯤에서 그 친구는 여러분 앞에서 닭똥 같은 눈물을 뚝뚝 흘릴지도 모릅니다. 놀라지 마십시오. 여러분은 어느새 일반화의 동굴에서 벗어나 미러링을 통해 깊은 공감의 경지에 이를 수도 있습니다.

대화 끝에 반드시 '-구나'를 써야 하는 것은 아닙니다. 앞의 대화에서처럼 상대방의 정서적 경험을 그대로 반영해 주는 태도로 미러링을 하는 것이 중요하지요. 그러다 보면 자신도 모르게 서서히 상대방과의 뜨거운 공감이 이루어집니다.

독심술:
네 마음
내가 다 알아!

○

상대방의 생각을 잘 안다고, 그리고 상대
방의 감정도 잘 이해하고 있다고 자신하는
순간 '마인드 레이핑'의 유혹에 빠질 수 있
습니다. 친구나 가족, 혹은 동료 사이에서
도 우리 자신을 자주 점검해 볼 필요가 있
습니다. 누군가의 마음을 많이 알고 있다
고 여기고, 자의적으로 해석하고 있지는
않은지 말입니다.

'답정너' 대화법

부모가 자녀를 키우다 보면 아이의 마음을 헤아리는 능력이 점차 증대된다는 점을 알게 됩니다. 특히 엄마는 아이가 태어날 때부터 눈빛만 봐도 뭘 원하는지 알아차리는 특별한 능력을 갖추게 됩니다. 그러니 다른 사람에 비해서 엄마는 아이가 자랄수록 아이의 마음과 감정을 읽어내는 문해력도 갖출 수 있습니다.

그런데 부모가 자녀의 감정을 인식하는 자신의 능력을 지나치게 과신하면 어떤 일이 일어날까요? 이미 정해진 답을 가지고 대화를 하게 됩니다. 그리고 마치 자녀를 자신이 제일 잘 이해하고 공감한다고 착각합니다.

감정적 문해력은 상대방의 감정을 알아차리는 능력이지만, 상대방에게 확인하지 않고 자기 멋대로 우기는 일로 이어져서는 안 됩니다. 상대방의 감정을 헤아리되, 반드시 조율하여 상대방과 공감하는 것을 목적으로 해야 합니다.

그런데 우리 주변에 보면 답을 정해놓고 묻는 사람이 참 많습니다. 오죽하면 '답정너', 즉 '답은 정해져 있고 너는 대답만 하면 된다'는 의미의 신조어가 생겼을까요? '답정너'의 주인공 안에는 자신이 상대방의 마음속을 훤히 알고 있다는 굳건한 확신이 자리 잡고 있습니다. 그래서 자신이 원하는 대답이 나올 때까지 계속 물어봐서 상대방의 동의를 얻어내야만 합니다.

부모들은 어린 자녀가 동네 마트에만 가면 부모를 골탕 먹이기 위해 일부러 못된 행동을 한다고 여길 때가 많습니다.

"너, 일부러 그러는 거지? 엄마가 지쳐서 그냥 아이스크림 사줄 줄 알고? 그래, 안 그래?"

당황스러운 아이는 그 말의 의미를 잘 알지 못합니다.

"놀랐지? 엄마가 네 생각을 딱 알아맞추니까? 네가 아무리
속이려고 해도 엄마는 못 속여. 그래, 안 그래?"

아이는 또 당황합니다. 부모는 아이가 무조건 "네, 엄마 말
이 맞습니다!"라고 해야 그칠 태세입니다. 부모는 자녀의 생
각만 꿰뚫고 있는 것이 아닙니다. 자녀의 마음속 감정도 죄
다 알고 있는 것처럼 여길 때가 많습니다.

얼굴에 오만상을 하고 집에 돌아온 십 대 딸을 본 엄마는
대번에 자녀의 불편한 느낌을 알아차립니다. 그런데 약간 무
리한 편집이 가미될 때가 많습니다.

"너, 오늘 무슨 일 있었구나? 오늘도 숙제 때문에 선생님한
테 야단맞은 거야? 아니면 또 네 남친이랑 한판 싸운 거야?
뭐야? 둘 중 하나지? 그치?"

자녀가 아니라고 소리를 지릅니다. 하도 기가 막혀 헛웃음
을 짓기도 하지요.

"아니거든! 엄마는 잘 알지도 못하면서….."

그래도 엄마는 아랑곳하지 않고 '답정너'의 태도를 풀지 않습니다.

"아니긴 뭐가 아니야! 너는 항상 얼굴에 다 써 있거든. 어디서 거짓말을 해? 내가 널 낳았어, 이것아!"

제게 부부 상담을 받기 위해 찾아온 부부도 마찬가지입니다. 아주 태연하게 서로 상대방의 마음을 알고 있는 듯 말합니다. 아내가 먼저 남편이 얼마나 의도적으로 자신을 힘들게 하는지 설명합니다.

"이 사람은 내가 확 무너지는 포인트를 잘 알거든요. 그래서 일부러 상처주려고 그런 이야기를 하는 거예요. 정말 너무 치사한 거죠."

남편도 지지 않습니다.

"당신, 말을 똑바로 해. 당신이 먼저 일부러 내 자존심 건드리는 말을 하잖아? 그러니까 나도 폭발하는 거지! 당신도 일부러 그러는 거 아냐?"

갈등이 유발되는 대화에는 늘 상대방의 마음에 대한 왜곡된 판단과 단정적인 태도가 숨겨져 있습니다. 그리고 자신의 판단에 대해서는 무한한 신뢰가 있지요. 그래서 상호 갈등은 더욱 증폭되고 맙니다.

닫힌 질문 vs. 열린 질문

'답정너'의 태도로 질문하는 사람들은 상대방에게 무조건 '예스'를 강요하는 경우가 많습니다. 보통 "네" 혹은 "아니요"로 대답하게 만드는 질문을 '닫힌 질문' 혹은 '폐쇄형 질문'이라고 부릅니다. 상대방에게 자신의 의견이나 속마음을 개진할 기회를 주지 않는 것이지요. 무조건 예스만 하라고 몰아붙이니까요.

이와 반대로 상대방에게 마음속 이야기를 충분히 할 수 있도록 허용하는 질문을 '열린 질문open-ended question'이라고 합니다. 끝이 상대방을 향해 열려 있다는 의미로 '개방형 질문'이라고도 하지요.

"너 일부러 엄마 힘들게 하려고 그러는 거 다 알아. 엄마 말 맞지?"

이때 아이는 무조건 예스로 답해야 할 것 같습니다. 이런 질문이 바로 닫힌 질문입니다. 하지만 아이의 마음속은 그 누구도 알기 어렵습니다. 아무리 부모가 다 알 것 같아도 반드시 아이에게 확인해야 합니다.

"무슨 일이야? 우리 아들이 자꾸 떼를 쓰는 것 보니까 엄마한테 할 말이 있는 모양이구나. 지금 엄마한테 이야기해 볼래?"

이러한 질문은 꼭 아이에게 무조건 '예' 또는 '아니요'의 응답을 요구하는 질문과는 다릅니다. 마음속 이야기를 듣기 위해 끝이 열려 있기에 열린 질문이라고 하는 것입니다.

심리상담을 전문으로 하는 제가 볼 때도 상대방의 마음을 너무 잘 이해하고, 공감을 잘하는 이들을 만날 때가 가끔 있습니다. 하지만 이런 이들은 상대방의 마음을 꿰뚫고 단정하는 '답정너'의 태도를 가진 사람과는 확연히 구별됩니다. 진정한 공감이 가능하기 위해서는 아무리 상대방의 마음을 이해할 것 같은 직관이 생겨도 반드시 상대방에게 확인하고 조율하는 절차가 필요하기 때문입니다.

그래서 상대방의 감정과 마음을 잘 알아차리고 조율하여 공감할 수 있는 사람은 자주 열린 질문을 던집니다. 이와는 대조적으로 이른바 '독심술'을 발휘하여 상대방보다 도리어 자신이 더욱 상대방을 잘 알고 있다고 믿는 이는 닫힌 질문을 난발하기 일쑤입니다.

갑자기 독심술로 우리 마음을 훅 파고 들어오는 사람을 우리는 결코 우리를 잘 이해하는 사람이라고 여기지 않습니다. 하지만 안타깝게도 보통 이렇게 독심술을 발휘하는 사람은 누구보다도 자신이 상대방을 잘 이해하고 공감하고 있다고 믿습니다.

친구들과의 대화를 가만히 살펴보세요. 여러분이 매우 가깝게 여기는 친구들에게는 어느새 자신도 모르게 독심술을 발휘하고 있을지도 모르니까요. 특히 친구들이 마음속 감정을 숨기는 것 같은 생각이 들면, 더더욱 평소에는 잘 작동하지 않던 독심술이 꿈틀거리기 시작한답니다. 혹시 이런 말을 자주 하지 않는지 되돌아봅시다.

"네 마음은 내가 잘 알잖아. 지금 뭔가 숨기는 것 있지? 그치?"

"네가 지금 나한테 기분 나쁜 게 있는 거잖아? 그래서 자꾸 내 전화 안 받는 거잖아? 아니야?"

"너는 항상 네가 힘들 때만 나를 찾는 것 같아. 나를 감정 쓰레기통쯤으로 여기는 걸 내가 모를 것 같니? 나도 바보 아니거든. 다 알아!"

이런 독심술은 보이지 않는 마음에 대한 직관력이 뛰어나거나 예민한 감수성을 가진 사람이 가지는 특별한 능력쯤으로 여기는 경우가 많습니다. 그런데 빈번한 독심술이 왜 대화에서 공감을 해치는 방법이 되는 걸까요?

마음을 강탈하는 독심술

1980년대 제가 대학 생활을 하던 시절에는 심리학을 공부하는 친구들을 향한 말도 안 되는 편견이 있었습니다. 심리학을 전공하는 사람들이 마치 독심술을 배우는 줄 알았던 것이지요. 그래서 대학생들이 심리학 전공 친구들을 찾아가 연애 상담을 의뢰하는 경우도 많았답니다.

연애하다가 상대방의 마음을 이해하는 데 어려움이 있을 때, 심리학을 공부하는 친구들을 찾아가면 보이지 않는 마음에 대한 정보나 이른바 '꿀 팁'을 얻으리라 기대했습니다. 심리학이나 상담학을 배우면 사람의 마음을 훤하게 읽을 수 있다고 믿었던 것 같습니다. 하지만 제가 아는 심리학 전공자들은 다들 그런 연애 상담을 손사래 치며 거부했습니다. 차라리 점집을 찾아가라면서요.

혹시 여러분도 그런 편견이 있지 않나요? 심리학 공부를 많이 하면 상대방의 마음을 더 잘 읽을 수 있다고요. 어느 날, 하루 종일 심리학 관련 문헌이나 동영상을 많이 볼 수도 있겠지요. 그런 다음 날 친구를 만나면 여러분과 상대방의 마음이 더 잘 이해되던가요?

분명 약간의 도움은 될 수 있을 것입니다. 하지만 인간의 마음은 수학적으로 측량할 수도, 계량할 수도 없는 모호한 세계입니다. 인문학자들이 인간의 마음을 우주와 같다고 하는 이유가 있지요. 마음은 이성적인 사고로는 도저히 알 수 없는 신비한 세계이기 때문입니다.

그래서 다른 사람의 마음을 알아가고 이해하는 일에는 겸허한 자세가 필요합니다. 아무리 직관력과 통찰력이 뛰어나다고 할지라도, 지레 판단하여 안다고 자신해서는 안 됩니다.

특히 이성적인 사고에 의지하여 판단을 빨리하면 할수록, 상대방의 감정의 세계에 접근하는 일은 더더욱 힘들어집니다. 앞서 이야기한 것처럼, 우리가 별주부 신드롬에 빠져서 상대방의 생각에만 집중하다 보면 감정을 헤아리는 데는 더더욱 장애가 생기게 마련입니다.

독심술에 대한 영어 표현 중에 '마인드 레이핑mind-raping'이라는 용어가 있습니다. 원래 'rape'이라는 영어 단어는 강도, 강간 및 성폭력 등에 쓰는 무시무시한 단어이지요. '마인드 레이핑'을 의역하자면, 마음을 강탈한다는 뜻입니다.

인간의 마음을 생각知, 감정情, 그리고 의지意로 나누어 볼 때, 상대방의 생각은 물론 감정까지 무시하고 자의적으로 해석하는 일이 마인드 레이핑입니다. 가끔 마인드 레이핑은 미성년자의 정신과 감정을 조종하고 의지까지 빼앗아 버리는 범죄로 악용되기도 합니다. 이를 '그루밍 범죄'라고 하지요.

상대방의 생각을 잘 안다고, 그리고 상대방의 감정도 잘 이해하고 있다고 자신하는 순간 마인드 레이핑의 유혹에 빠질 수 있습니다. 친구나 가족, 혹은 동료 사이에서도 우리 자신을 자주 점검해 볼 필요가 있습니다. 누군가의 마음을 많이 알고 있다고 여기고, 자의적으로 해석하고 있지는 않은지 말입니다.

독심술과 마인드 레이핑의 유혹에 빠지지 않기 위해서 우리가 가진 생각의 틀, 즉 자신의 '프레임frame'에 집착하지 않도록 유의해야 합니다. 프레임을 타인과 세상을 보는 '액자'라고 여기셔도 좋습니다. 자신의 액자로 얼마든지 상대방을 볼 수 있지만, 상대방의 액자를 무시하는 일은 공감과는 반대 방향으로 가게 됩니다.

마음에 대한 관심을 가지고 심리학이나 상담학 공부를 하는 것은 분명 우리 자신을 이해하는 데 큰 도움이 됩니다. 그래서 우리 나름대로 마음을 바라보는 튼튼한 액자를 가지는 것은 문제가 되지 않습니다. 하지만 우리의 액자만을 가지고 모든 사람을 재단하지 않으려는 자세가 반드시 필요합니다. 특히 상대방의 마음을 따뜻하게 공감하기 위해서는 자신의 액자와 상대방의 액자를 서로 조율하려는 단계가 있어야 합니다.

리프레이밍의 힘

어느 날, 시골에 사는 한 남자가 지붕 위에서 기왓장을 교체하는 작업을 하고 있었습니다. 한참을 일하다가 잠시 휴식을 취하려고 지붕 아래를 내려다보니 기절초풍할 만한 상황이 펼쳐지고 있었습니다. 집 안 어딘가에서 놀고 있을 줄 알았던 한 살짜리 아들이 지붕 위에 걸쳐져 있는 사다리로 기어오르고 있는 것이었습니다.

아이는 이미 5미터 길이의 사다리를 3분의 2 정도 올라오고 있는 중이었고, 아빠의 얼굴과 마주치자 환하게 웃었습니다. 잽싸게 아이의 손을 잡아 올리기에는 아직 1미터 이상의 거리가 있었습니다. 자, 여러분이라면 어떻게 하시겠습니까?

이 아버지는 심장이 멎을 것 같은 패닉을 참아내면서, 아이 눈에 보기에는 전혀 아무렇지 않은 척 행동했습니다. 그러고는 사다리 위의 아이를 향해 웃으면서 눈을 맞추었습니다.

"우리 아기가 아빠가 보고 싶어서 올라오는 거야? 밑에 보지 말고 천천히 아빠 눈만 보면서 올라오면 돼!"

아버지는 아이가 놀라지 않게 따뜻하고 나긋한 목소리로 아이와 대화를 이어갔습니다. 아이는 더 힘을 내서 사다리 위를 향해 기어올랐고, 머지않아 아버지는 아이의 손을 잡아 안전하게 지붕 위로 올릴 수 있었습니다. 다행히 해피엔딩입니다.

하지만 저와 여러분이 이런 사건을 실제로 겪었다면 어땠을까요? 그 결과를 이 이야기처럼 해피엔딩으로 만들기 위해서는 평소에 엄청난 수련이 필요할지 모릅니다. 이야기에서의 아버지는 자신의 프레임을 순식간에 바꾸어서 아이의 프레임으로 조율할 수 있었던 대단한 능력자였습니다.

보통 사람은 자신의 프레임으로 놀라고 호들갑을 떨 수밖에 없었을 것입니다. 아이를 향해 소리를 지르거나 아래 어딘가에 있을 다른 사람을 향해 분통을 터뜨릴 수도 있습니다. 그러면 오직 자신의 액자만으로 어린아이의 마음까지 강탈하는 일이 되고 맙니다.

결과는 어떨까요? 어쩌면 어른의 고함에 놀란 아이가 사다리에서 손을 뗄 수도 있습니다. 아니면 불안해하면서 밑으로 뛰어 내려가려는 아버지의 행위로 인해 아이가 놀라서 손을 놓칠 수도 있습니다. 이렇게 위기의 순간, 우리가 가지고 있는 프레임을 상대방에게도 무리하게 고집하는 일이 가장 나쁜 결과를 낳을 수도 있다는 점을 기억해야 합니다.

우리의 프레임을 잠시 접어두고, 상대방의 프레임에 맞추려는 노력은 훨씬 안전한 결과를 가져다줍니다. 이러한 노력을 '리프레이밍re-framing'이라고 하고, '재구성' 혹은 '재구조화'라고 번역합니다.

지붕 위에 있는 아버지는 순식간에 리프레이밍을 할 수 있었기에, 위기 상황에서도 아들을 안전하게 지켜낼 수 있었습니다. 아버지는 절체절명 위기의 순간, 아이의 프레임으로 급하게 전환했습니다. 놀라운 순발력이지요. 그리고 마치 아이의 마음으로 들어가 아빠를 향해 올라오려는 바람과 느낌과도 안전하게 조율할 수 있었습니다.

상대방을 안전하게 이해하고 공감하는 일에도 이러한 리프레이밍이 필요합니다. 아무리 우리 마음의 눈에 상대방의 무언가가 느껴져도 반드시 상대방의 프레임에서 재구성을 해야 한다는 점을 잊지 마세요. 그래야 상대방에 대한 안전한 공감이 완성됩니다.

앞에서 언급한 독심술의 대화를 재구성으로 바꿔본다면 어떻게 될까요?

"네 마음은 내가 잘 알잖아. 지금 뭔가 숨기는 것 있지? 그치?"

이런 대화는 상대방의 프레임에는 전혀 관심이 없는 태도입니다.

"내가 보기에는 네가 내게 숨기는 게 있는 것 같아. 실제로는 어떤지 이야기해 줄 수 있어?"

이렇게 자연스럽게 친구의 프레임으로 옮겨가면서 닫힌

질문이 아니라 열린 질문을 던지면 상대의 마음을 충분히 경청할 수 있는 대화가 시작됩니다.

"네가 지금 나한테 기분 나쁜 게 있잖아? 그래서 자꾸 내 전화 안 받는 거잖아? 아니야?"

이런 닫힌 질문도 재구성을 해보면 다르게 말할 수 있습니다.

"네가 내 전화를 안 받을 때가 있잖아. 그러면 네가 내게 기분 나쁜 게 있는 것처럼 보이거든. 실제로 어떤지 좀 알고 싶은데, 이야기해 줄래?"

우리 자신이 보는 마음의 프레임에서 상대방의 감정을 결론 내려 하지 않고, 상대방의 프레임으로 옮겨가려는 노력만 해도 훨씬 공감의 대화에 가까워집니다. 한마디로 말하면, 리프레이밍의 기술은 상대방의 마음을 우리의 프레임에 가두지 않으려는 최소한의 노력입니다.

3장

'진정한 공감'을 위한
기초 연습

감정을 위한
감수성 훈련

○

마음속 감정들을 일일이 불러서 친구처럼
지내는 일이 매우 중요합니다. 잘 보이지
않고 느껴지지 않는 우리의 감정과 관계를
맺는 일도 제일 먼저 감정의 이름을 부르는
것에서 시작해야 합니다.

감정아, 놀자!

제가 어린 시절에 살았던 동네는 아파트촌이 아니라 작은 연립주택이 모여 있는 곳이었습니다. 놀이터 같은 것은 없었지요. 그래도 골목골목마다 친구들끼리 모여서 딱지치기도 하고 구슬치기도 하면서 날이 저물 때까지 놀았습니다. 이때 친구들과 놀기 위해서 제일 먼저 해야 할 일은 무엇이었을까요?

골목으로 나와서 친구 집 앞으로 갑니다. 그리고 친구의 이름을 외치는 일이었습니다. "성철아, 놀자! 영찬아, 놀자!"

이렇게 이름을 외치면 한 명씩 골목길에 모이기 시작합니다. 저는 친구들을 불러 모으는 데 아주 유리한 주택에 살고 있었습니다. 아담한 단층 주택에 살았던 저는 옥상에 올라가 이름을 외치면 사방에 있는 친구들이 한꺼번에 들을 수 있었거든요.

누군가와 친구가 되는 일은 상대의 이름을 기억하는 것에서 시작됩니다. 그의 전화번호를 저장해서 언제든지 오프라인뿐 아니라 온라인으로도 그의 이름을 부를 수 있어야 하기 때문입니다. 육성으로 외치든, 문자나 SNS 메시지를 보내든 친구의 이름을 부르는 일은 관계를 맺는 일에서 가장 중요한 첫 번째 단계이지요. 관계를 맺는다는 것은 상대가 나의 이름을 따뜻하게 불러주는 일입니다.

나이가 들면서 저의 경우에는 이름보다는 직급이나 학위명이 제 이름을 대체합니다. 권 교수님이나 권 박사님은 제 존재 자체를 지칭하는 이름은 아니지요. 그래서 때로는 제 이름을 정답게 불러주는 사람과의 만남이 귀하게 여겨질 때가 있습니다.

마음속 감정들에 대해서도 이름을 부르는 일이 중요합니다. 머리로 감정을 아는 것과 그 감정과 직접 만나는 일은 전혀 다른 이야기인 것 같습니다. 마음속 감정들을 일일이 불러서 친구처럼 지내는 일이 매우 중요합니다. 잘 보이지 않고 느껴지지 않는 우리의 감정과 관계를 맺는 일도 제일 먼저 감정의 이름을 부르는 것에서 시작해야 합니다.

〈경제야 놀자〉라는 방송 프로그램이 있습니다. 늘 어렵게만 느껴지는 경제 지식에 대해 거리감을 좁히기 위해 만들어진 버라이어티 프로그램이지요. 굳이 제목을 왜 '놀자'라고 붙였을지 짐작이 가겠지요. 보통 우리는 놀이를 공부의 반대말처럼 여깁니다. 친구들과 밖에서 많이 놀면, 혼자 집에서 조용히 공부하는 시간이 모자란다고 부모님에게 혼난 적도 많았지요.

하지만 어린아이들에게 놀이란 행복한 관계 맺기를 연습하는 가장 좋은 수단입니다. 놀이와 공부가 분명히 다른 점이 있습니다. 놀이는 공부처럼 잘하고 못하고를 평가하지 않는 것입니다. 누구든지 놀이를 할 때 평가하거나 평가받기 시작하면 재미가 없어지지요. 그래서 놀이를 하는 중에 우리는 서로 우리 모두의 존재 그 자체로 만날 수 있습니다.

발달심리학자들은 놀이가 사회성 발달과 정서 발달에 가장 중추적인 역할을 하는 과정임을 강조합니다. 그래서 저는 마음속 감정을 이해하는 첫 번째 단계에서도 감정들과 놀이하는 과정이 필요하다고 생각합니다. 감정을 알아가고 이해하는 일은 평가를 목적으로 하는 공부 과정과는 차이가 있어야 합니다.

그래서 우리는 스스로 '감정아, 놀자!'라는 내면의 프로그램을 만들 필요가 있습니다. 마음속 수많은 감정에 대해서 좋고 나쁨을 평가하지 않고, 놀이를 하는 심정으로 만날 필요가 있다는 말입니다. 그저 알아가는 재미, 그리고 여러 감정이 마음속에서 어떻게 살고 있는지 그 역동을 살펴보는 즐거움이 있으면 금상첨화입니다.

감정에 이름을 붙여보세요

친구들과 놀이를 하기 위해서 친구의 이름을 부르듯이, 마음속 감정 세계에 입문하기 위해서 감정들의 이름을 일일이 부르는 일부터 시작해야 합니다. 마음속에는 감정들이 수도 없이 많이 있을 텐데, 정작 우리가 이름을 부르는 감정은 손가락에 꼽을 정도로 적다는 사실을 알고 있나요?

일상에서 그 이름을 불러주는 감정들을 한번 적어보지요. '열받는다', '짜증이 난다', '기분이 나쁘다', '(상대방이) 재수가 없다' 등 그리 많지 않습니다. 보통 이렇게 밖으로 쉽게 표출하는 감정들은 '강경한 감정hard emotion'이라고 부를 수 있습니다. 겉보기에도 강해 보이고, 거칠어 보입니다.

가만히 보면, 이렇게 이름을 쉽게 붙일 수 있는 감정들은 대개 상대방을 향한, 혹은 외부를 향한 원심력 감정입니다. 앞서 저는 우리가 가진 감정들이 외부로 향한 원심력을 가지기도 하고, 자신의 내부로 향하는 구심력을 가지기도 한다고 설명했습니다.

우리가 일상 중에 자주 그 이름을 불러서 표현하는 감정들은 다른 사람에 대한 미움이나 불평, 혹은 외부 상황에 대한 분노나 짜증 등을 표출하는 원심력이 강한 감정들이 대부분을 차지합니다. 이에 비해 자신의 존재감을 드러내야 하는 구심력 감정은 자꾸 속으로 숨어 있게 마련입니다.

우리는 보통 친구에게 분노를 느끼는 동시에, 속으로는 자신의 존재가 무시당한 것 같은 모멸감을 느끼지만 '모멸감을 느껴'라고 겉으로 표현하지는 않지요. 그래서 자신의 존재를 비하하는 느낌이 드는, 부정적인 구심력 감정들은 웬만해서는 밖으로 강하게 표현될 수 없는 다소 '온건한 감정soft emotion'이라고 분류할 수 있습니다.

마음속의 여러 감정을 제대로 이해하기 위해서는 강경한 원심력 감정들뿐만 아니라, 온건한 구심력 감정들까지 우리 스스로 이름을 붙여서 불러주는 일부터 시작해야 합니다.

예를 들어볼까요? 평소에 자꾸 화가 나서 괴성을 지르고 물건을 던지게 된다는 사람이 심리상담사를 찾아왔습니다. 오랜 상담을 통해 내담자는 자신이 아주 오랫동안 가족관계는 물론 친구들과의 관계에서도 자꾸 배제되는 듯한 느낌을 받아왔다는 점을 발견하게 되었습니다.

온건한 감정과 강경한 감정

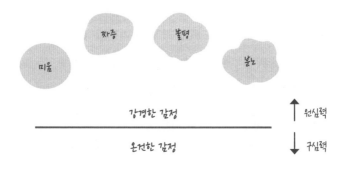

내담자는 자신의 존재를 향한 구심력 감정을 처음으로 표현했습니다. 그 감정들을 '소외감' 혹은 '거절감' 등으로 이름을 붙여 불러보았지요. 그러자 내담자의 눈에서는 하염없이 눈물이 흘렀습니다. 이 눈물은 어떤 눈물일까요?

한 번도 제대로 인식하지 못했던 숨겨진 감정에게 이름을 불러준 순간이었습니다. 그랬더니 그러한 온건한 감정은 마음속 어두운 곳에 묶여 있었던 사슬에서 해방되었겠지요. 억압되어 있던 감정과 나 자신이 만날 때 흐르는 값진 치유의 눈물이었습니다.

여러분은 자신의 마음속에 얼마나 많은 감정이 있는지 아시나요? 아마도 잘 모른다고 느낄 겁니다. 이름을 붙이지 않고, 제대로 불러주지 않기 때문이지요. 그래서 온건한 감정은 마음 어딘가에 자리 잡고 있어도 마치 없는 듯 어두운 구석에 내내 숨어 있는 것입니다.

1940년대 정신치료psychotherapy와는 구별되는 서비스로 상담counseling 서비스를 처음 주창한 미국의 심리학자 칼 로저스Carl Rogers는 20세기 인류 역사에 남을 만한 두 가지 발명에 대해 언급한 적이 있었습니다. 첫 번째가 반도체이고, 두 번째는 '감수성 훈련sensitivity training'이라는 것입니다.

반도체를 통해서 새로운 과학 문명이 시작되고, 현재의 최첨단 정보기술 산업이 번창하게 되었습니다. 누구나 20세기 인류의 첫 번째 위대한 발명은 반도체라는 지적에 충분히 동의할 것입니다. 하지만 두 번째 발명이 감수성 훈련이라는 것은 아마 여러분은 잘 이해가 되지 않을 것 같습니다. 일단 감수성 훈련이 무엇인지 잘 모르기도 할 것이고요.

감수성 훈련은 1940년대 미국에서 인종에 관한 편견을 없애기 위한 훈련으로 시작되었지만, 이후 산업체나 전문상담 기관 등에서 두루 활용되었던 소집단 훈련입니다. 건강한 인간관계와 상호작용을 배우는 것을 목적으로 합니다. 하지만 실제로 이 집단 훈련에 참여하는 사람들은 무엇보다 자신들의 내밀한 감정들과 그 감정들이 상대방에게 미치는 영향을 면밀히 살펴보게 됩니다.

저도 심리상담사들에게 필수적으로 감수성 훈련을 받아보기를 권장합니다. 저는 개인적으로 감수성 훈련을 공감 훈련이라고 바꾸어 부릅니다. 그러면 일반적으로 훈련 참여자들은 상대방의 감정에 대한 자신의 감수성과 민감도를 높이는 훈련처럼 여깁니다. 하지만 자신의 숨겨진 감정에 대한 이해가 반드시 선행되어야 합니다.

이 훈련은 평소에 잘 알지 못했던 자신의 다양한 감정과 처음으로 만나볼 수 있도록 설계되어 있습니다. 보통 매일 여덟 시간씩 진행되는 사흘간의 감수성 훈련을 설계하면, 저는 첫 날 첫 시간에 참여자에게 스스로 자신의 감정에 이름을 붙여보라고 합니다.

약 열 명의 참여자들이 자신의 마음속에 드는 느낌, 그리고 이들이 모인 공간에서 느껴지는 감정 등을 떠올려 이름을 붙여봅니다. 진행자로서 저는 참여자들이 표현하는 감정들을 칠판에 적어가기 시작합니다. 처음에는 불안, 초조함, 기대감 등의 감정들이 언급됩니다. 열 개 정도 적으면 끝날 것 같지만, 시간을 들여서 자신의 마음 구석구석을 느껴보면 어느새 칠판 가득 수십 개의 감정들 이름이 적힙니다.

눈으로 보고, 입으로 말하고

여러분도 자신의 다양한 감정에 대해서 이름을 붙여보는 일을 연습해 보세요. 심리상담사 못지않게 공감을 잘하는 사람이 되려면, 이러한 연습은 매우 필수적입니다.

이렇게 연습해 보지요. 지금 짜증이 나고, 화가 난다고 상상해 보세요. 그럴 때 여러분은 "아, 짜증난다. 정말 열받는다"라며 자신의 감정에 이름을 붙였을 가능성이 있습니다. 그런데 짜증이나 분노 감정이 느껴질 때 마음속에는 또 다른 감정이 숨어 있을 가능성이 있습니다.

마음속에 수도 없이 많은 감정 친구들이 산다고 상상해 보세요. 그런데 앞으로도 여러분은 오직 짜증과 분노의 이름만 부를 가능성이 있습니다. 그때 다음의 명단에서 또 다른 감정 친구들을 찾아보세요. 눈으로 확인해 보고, 그런 느낌이 느껴지면 입으로도 그 감정을 표현해 보는 것입니다.

사실 화가 난 것이기도 하지만 상대의 태도가 돌변해서 어

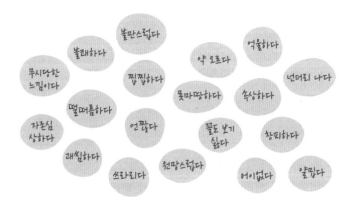

이가 없는 느낌도 있는 것입니다. 그때는 "정말 어이가 없다"라고 말해보세요. 그러면 또 다른 감정과 만날 수 있습니다. 그리고 창피한 느낌도 있었던 것 같습니다. 그러면 "나는 정말 창피했어"라고 표현해 보세요.

가끔 자신은 온통 분노로 가득 차 있다고 느끼는 사람들이 있습니다. 분노가 가득하여 조절이 힘들다고 말하기도 합니다. 결국 그러한 분노를 감당하지 못해서 벽을 치기도 하고, 물건을 던지기도 합니다.

하지만 실은 약이 오르기도 하고, 원망스럽기도 한 것입니다. 억울하기도 하고, 무시당한 느낌이 들기도 하는 것입니다. 그런 여러 가지 감정을 입으로 부르고 말할수록 자신을 짓누르던 분노 감정은 훨씬 가벼워집니다.

한국 사람들이 겉으로 감정 표현을 잘하지 못하는 민족이라지만, 굉장히 쉽게 하는 표현이 하나 있습니다. 바로 힘들다는 표현입니다. "힘들어"는 언뜻 듣기에 감정을 표현하는 것처럼 여겨지지 않습니다. 그래서인지 자신 안에 숨어 있는 감정을 꺼내지 못할 때 마치 방패막이처럼 쓰는 말이 바로 "힘들어"입니다.

여러분도 확인해 보세요. 혹시 힘들다는 표현을 자주 하지 않나요? "시험 공부하기 참 힘들어." "친구와 관계를 잘 맺는다는 건 정말 힘들어!" 이럴 때도 사실은 마음속에는 여러 가지 감정들이 여러분이 불러주고 느껴주기를 기다리고 있을지도 모릅니다. 가끔 힘들다는 표현을 할 때, 이번에 제시하는 감정 친구들 명단을 한번 유심히 살펴보면 어떨까요?

주변에 가끔은 사는 것이 힘들다고 하는 친구들이 있습니다. 나도 힘들다고, 그리고 사는 게 원래 힘들다고 일반화하지 않고, 친구의 감정을 읽어주기 위해서는 이 명단에 있는 감정들과 익숙해져야 합니다. 그래야 힘들다는 표현 뒤에 숨겨진 다양한 감정을 공감해 줄 수 있기 때문입니다.

제가 처음 미국 유학 시절에 심리상담 전문기관에서 인턴

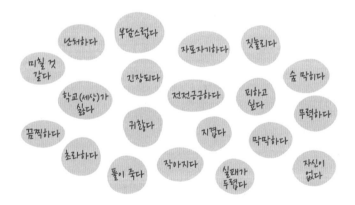

상담사로 수련을 받을 때 일입니다. 거의 백인이었던 동료 심리상담사들이 쉬는 시간마다 단어장을 들여다보는 것을 발견했습니다. 저 같은 외국인이라면 모를까 왜 미국인들이 영어 단어를 외우는 것일까요? 당시는 참 많이 의아했습니다.

장기간 훈련을 받고 심리상담을 제공하는 전문가들이라도 평소에 다양한 감정 친구들을 눈에 익히고 입으로 말하는 습관을 가지지 않으면, 내담자의 숨은 감정에 이름을 쉽게 붙일 수가 없기 때문이었습니다. 내담자가 요즘 많이 힘들다고 자신의 처지를 토로하면, 심리상담사는 단순히 힘들겠다고 대응하면 안 됩니다. 내담자가 좀 더 깊숙한 마음속 온건한 감정을 만날 수 있도록 도움을 주어야 하니까요.

심리상담사는 내담자의 힘들다는 표현이 마음속의 막막한 느낌을 방어하고 있는지, 자신의 존재를 초라하게 느끼는 감정을 숨기고 있는지, 혹은 실패에 대한 강한 두려움을 의미하는지를 놓고 내담자와 천천히 조율할 수 있어야 합니다. 그래야 힘들다는 표현 뒤에 숨은 내담자의 다양한 감정을 제대로 공감할 수 있겠지요.

라면을 맛있게 먹는 법처럼

여러분은 라면을 맛있게 먹는 방법을 아시나요? 대부분 묵은 김치와 함께 먹기도 하고 라면을 끓인 후 치즈를 한 장 얹어 먹는 분도 있을 것입니다. 저는 라면 마니아들에게 꼭 보라고 권하는 영화가 있습니다. 1986년에 라면을 주제로 만들어진 〈담뽀뽀〉라는 일본 영화입니다. 영화 초반에는 40년 동안 라면을 공부했다는 라면 고수가 등장하여 라면 먹는 법을 소개하는 장면이 나옵니다.

라면 고수는 라면을 급하게 먹으려는 청년에게 라면을 맛있게 먹는 시범을 보입니다. 청년은 노인에게 면을 먼저 먹을지 국물을 먼저 마실지 묻습니다. 노인은 우선 라면 전체를 바라보되, 형태를 먼저 관찰하고 냄새를 천천히 음미하라고 합니다.

라면 고수는 사랑을 듬뿍 담은 눈길로 이야기합니다. "표면에 반짝이는 보석 같은 기름, 죽순도 빛나고 있어. 파는 위에 살짝 얹혀져 있지. 돼지고기 세 조각에도 집중해야 돼. 중요한 역할을 하지만, 겸손하게 숨겨져 있지."

그리고 젓가락으로 표면을 어루만져 주라는 이상한 주문

도 합니다. 청년이 그 이유를 묻자, 노인은 빙그레 웃으면서 대답합니다. "애정의 표현이지." 노인의 이런 기괴한 행동은 음식과 관계 맺는 통상적인 방식에 대한 전환을 요청하는 듯 보였습니다. 음식에는 그저 미각만 사용하면 된다는 통념을 벗어나도록 말이지요. 단순한 음식이라도 시각과 후각, 그리고 젓가락을 사용하지만 촉각 등 오감을 모두 활용하여 정성껏 대하라는 말씀 같았습니다.

우리 모두에게 라면은 가장 간단하게 끼니를 때우는 음식입니다. 그래서 영화 속 라면 고수의 라면 먹는 방법은 제게 큰 울림을 주었습니다. 오감을 충분히 활용하면서 라면에 오롯이 집중하는 모습은 그야말로 라면과 인격적인 사랑에 빠진 연인의 모습 그 자체였습니다.

저는 마음속 감정을 다루는 법도 비슷한 방식으로 접근해 보고자 합니다. 마음속 감정들도 친구와 같은 인격적인 존재처럼 상상해 보는 것입니다. 우리 안에는 분노라는 친구도 있고, 불안이라는 친구도 있습니다.

그동안 감정은 우리의 생각이나 의지에 비해서 하찮은 존재로 여겨진 것이 사실입니다. 마치 한정식 반상에 비해 라면을 가볍게 여기는 것처럼 말입니다. 우리 감정에도 애정을 가지고 바라보고 말을 건네야 합니다. 그리고 오감을 활용하여 마음속 감정을 느낄 필요가 있습니다.

본시 감정을 느끼는 일은 신체와 밀접하게 연결된 감각적인 느낌을 동반합니다. 무서우면 가슴이 벌렁벌렁 움직이는 것 같이 느껴집니다. 창피함을 경험하면 얼굴이 빨개지고, 서글프면 가슴 한편이 시려오기도 합니다. 그래서 불쾌감을 주는 감정이라도 그 이름을 불러주고, 우리 신체 어느 곳에서든지 그 감정을 감각적으로 느낄 수 있어야 합니다. 그것이 라면 고수가 라면 속 여러 식재료에 대해서 애정을 가지고 관계를 맺는 것과 같은 방법입니다.

예를 한번 들어보겠습니다. 가끔은 불안감이 여러분을 힘들게 할 때가 있습니다. 시험이나 중요한 인터뷰 전에 공포에 가까운 불안이 엄습하면 심장이 멎는 듯 아무것도 할 수 없어지기도 합니다. 그럴 때 불안이라는 감정을 나쁜 감정이라고 여기고 자꾸 후루룩 라면 먹듯이 적당히 넘어가려고 하면 안 됩니다.

애정을 가지고 라면의 식재료를 존중하듯이 불안이라는 감정뿐 아니라 어떤 감정이 함께 마음속에 숨어 있는지 가만히 살펴보고 느껴보는 것이 오히려 도움이 됩니다. 대개 그 불안을 무조건 피하려고 하거나 모른 척하려고만 하는데, 그렇게 할수록 더 큰 불안에 휩싸일 수 있습니다.

차라리 오감을 사용하여 불안과 연결된 다른 감정을 감각적으로 느껴보는 연습을 해보세요. 이때 이러한 감정들을 애정으로 가지고 대하는 것이 매우 중요합니다. 나쁜 감정이라고 여기고 무조건 피하려고만 하지 말고 이름을 부르면서 공감하려는 태도를 견지해야 합니다. 이런 태도는 오히려 여러분이 느끼는 과도한 불안감의 강도를 줄이는 데 큰 도움이 됩니다. 불안감을 느낄 때, 아래의 명단에서 어떤 느낌들과 연결되어 있는지 살펴보세요.

불안감이 느껴질 때 두근두근하다, 기가 막히다, 막막하다

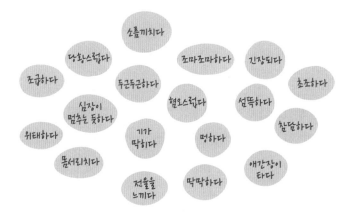

'진정한 공감'을 위한 기초 연습

등의 다양한 느낌들과 연결되어 있다고 느껴지면 그 느낌을 입으로 말하고 온몸으로 느껴보세요. 눈을 감고 신체 어디에서 느껴지는지 가만히 느껴보세요. 머리 안쪽일 수도 있고, 심장이나 옆구리 한구석일 수도 있습니다. 불안감이 공포 수준으로 온몸을 강타하는 공황장애를 가진 사람도 이렇게 연결된 감정들을 가만히 신체적으로 느껴보는 일을 통해서 과도한 불안감을 낮출 수 있습니다.

숨은 감정들을 불러주세요

2015년에 제작된 미국 애니메이션 영화 〈인사이드 아웃〉은 초등학생 여자 주인공 라일리 마음속에서 살고 있는 다섯 가지 감정 캐릭터들을 재미있게 다루고 있습니다. 마치 우리가 마음속 감정들을 친구라고 여기고 이름을 부르며 한 명씩 느껴보려고 하는 감수성 훈련인 '감정아, 놀자!'와 매우 유사한 상상력을 가지고 만든 영화이지요.

다섯 감정 친구들의 이름은 '기쁨joy', '슬픔sadness', '버럭anger', '까칠disgust', 그리고 '소심fear'입니다. 그런데 언뜻 우리의 선입견으로 보면, '기쁨'이를 빼놓고는 평소에 별로 가까이하고 싶어 하지 않는 친구들입니다. '버럭', '까칠', 그리고 '소심'도 그리 좋은 감정이라고 여기지 않는 감정들이지요.

영화에는 스스로도 가장 중요하지 않다고 느끼는 감정이 등장합니다. 바로 '슬픔'입니다. 영화 초반부터 늘 막 뒤에 숨어 있고, 기가 죽어 있습니다. '슬픔'이라는 이름의 감정 친구는 스스로 자신이 나서면 주인공 라일리를 힘들게 할 것이라는 생각을 가지고 삽니다. 그래서 마음속 세상에서는 '기쁨'이 가장 신이 나 있습니다. 마치 반장처럼 나대기를 좋아합니다.

라일리의 감정 컨트롤 본부에서 우연한 실수로 '기쁨'과 '슬픔'이 본부를 이탈하는 사건이 발생합니다. 그러자 라일리의 마음속에 변화가 생겼습니다. 갑자기 '버럭'이 나서기 시작합니다. 새로운 곳으로 이사하여 적응의 어려움을 겪으며 소심해하던 라일리가 별안간 바뀝니다. 엄마와 아빠에게 짜증과 분통을 터뜨리는 것이지요. 부모님도 라일리의 갑작스러운 분노 표출에 당황스러워 합니다. 하지만 다행스럽게도 라일리의 원심력 감정 배후에 깊이 숨겨진 감정들에도 관심을 가집니다.

영화의 결말은 어떻게 될까요? 늘 엑스트라처럼 마음속 한구석에 숨어 지냈던 가장 온건한 감정이 있었지요? 다름 아닌 '슬픔'이 스스로 자신이 라일리에게 참 중요한 감정이었다는 사실을 깨달으면서 영화는 막을 내립니다.

라일리가 숨겼던 감정을 꺼내고 부모님 품에 안겨서 애도의 눈물을 흘리면서 온 가족이 서로 공감하는 장면에서 그런 깨달음이 온 것이지요. 우리는 외롭고 슬퍼서만 울지 않습니다. 자신의 숨겨진 감정을 다른 사람과 안전하게 공유할 수 있을 때 뜨거운 치유의 눈물을 흘립니다.

특히 우리는 슬픔의 감정이나 속상함이 밀려올 때, 자신의 감정을 스스로 표현하기 힘들어 합니다. 당연합니다. 마치 라일리의 마음속처럼 온건한 감정이 기가 죽어서 숨어 있기 때문입니다. 그래서 '버럭'과 같은 강경한 감정이 대신 기승을 부릴 수도 있습니다. 우리 안에서 슬픔이나 속상함이 느껴질 때, 아까처럼 다음의 감정 친구 목록에서 여러분의 감정들을 느끼고 이름을 붙여보세요.

마음속 세상에 나쁜 감정이란 없습니다. 스스로 존재감을 떨어뜨리는 감정을 무조건 나쁘다고 여기고 자꾸 숨기고 사

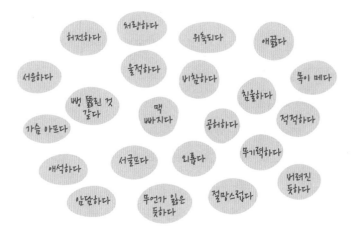

는 것이 더 큰 어려움을 낳습니다. 영화 속 주인공 라일리의 변화는 바로 숨겨놓은 감정을 꺼내면서 시작되었습니다. 자신이 두고 온 감정 친구들과의 이별을 애석해하고 적적함을 느낀다고 말합니다. 가슴이 뻥 뚫린 것 같고 뭔가 잃은 듯합니다. 자꾸 버려진 듯 느껴진다고 말할 수 있어야 합니다.

이처럼 우리 자신부터 숨겨진 감정을 이름 부르고 꺼내보는 일이 감정적 문해력을 높이기 위한 가장 중요한 첫 번째 단계입니다. 그래야 강경한 감정만 외부로 표출하던 방식에서 벗어나 온건한 감정을 스스로 찬찬히 돌볼 수 있기 때문입니다.

거기에 라일리 이야기처럼 부모님이 라일리가 스스로 꺼낸 감정들을 있는 그대로 이해하고 공감해 줄 수 있다면 그야말로 영화 같은 해피엔딩이 될 것입니다. 상대방과의 온전한 상호 공감을 위해서라도 우리 마음속 감정에 대한 감수성을 기르는 일이 참 중요합니다.

자, 오늘부터 시작해 보세요. 여러분 마음속에 얼마나 많은 감정이 살고 있는지, 그리고 그런 감정들이 얼마나 여러분 스스로 이름 불러주기를 기다리고 있는지 확인해 보세요.

진짜 공감,
그것이
알고 싶다

○

상대방의 감정 세계, 즉 가슴 높이까지 천
천히 내려가려면 반드시 상대방의 눈높이
를 확인하고 조율해야 합니다. 상대방의
눈높이는 바로 상대방의 바람을 세심하게
살펴보는 일에서 시작됩니다.

상대방의 숨은 감정 반영하기

이제 타인과 상호 공감하는 과정에 대해서 좀 더 구체적으로 알아볼까요? 2장에서 우리는 공감처럼 보이지만, 전혀 공감이 아닌 가짜 공감 대화법에 대해 살펴본 적이 있습니다. 상대방의 감정을 찬찬히 읽어내기보다는 자꾸 우리의 경험을 꺼냅니다. 상대가 느끼는 감정을 모든 사람의 일처럼 일반화하기도 하고, 상대방의 감정을 죄다 알고 있는 척도 합니다.

이런 대화법은 공감은커녕 상대방에게 단절감을 줄 가능

성이 크다는 사실도 짚어보았습니다. 그래서 진정한 공감으로 가는 첫 번째 단계로 앞서 살펴본 대안부터 연습해 보면 어떨까요? 예를 들면, 에코 기법이나 미러링 기법부터 연습해 볼까요?

상대방의 감정을 메아리처럼 또는 거울처럼 반영하려면 일단 상대방이 감정을 표출해야 합니다. 그런데 상대방이 표출하는 감정은 대부분 강경한 감정이지요.

"아빠 때문에 정말 열받아!"

"용민이가 자꾸 짜증나게 해!"

"왜 담탱이(담임 선생님)는 늘 제멋대로야? 개념이 없어!"

친구들이 이런 감정 표현을 했다면 여러분은 제일 먼저 어떻게 하시겠습니까? 일단 다음과 같이 자기 노출이나 일반화에 빠지지 않도록 주의해야겠지요.

"너도 아빠랑 싸웠니? 나도 지난주에 우리 아빠랑 심하게 싸웠는데."

"원래 담탱이가 다 그런 것 아냐? 나는 담탱이 좋아하는 애를 본 적이 없어. 안 그러냐?"

이제 이런 가짜 공감은 되도록 자제하고, 친구의 감정을 미러링해 볼까요? 친구들이 표현한 감정을 있는 그대로 반영하는 것입니다. 처음에는 동어 반복하는 것 같아 약간 이상해 보일 겁니다. 그래도 꾹 참고 한번 연습해 봅시다.

"아빠 때문에 열받는구나."
"용민이가 자꾸 너를 열받게 하는구나."
"담탱이가 제멋대로라고 느끼는구나."

처음에 이러한 감정 미러링은 친구 사이에 연습하기에는 매우 쑥스러운 대화법일지도 모릅니다. 하지만 상대의 감정에 오롯이 주목하는 것은 매우 중요한 출발점입니다. 어색해도 조금만 참고 연습해 보세요.

앞서 언급한 가짜 공감은 상대의 감정을 전혀 존중해 주지 않는 인상을 주기에 친구는 여러분에게 공감을 받았다는 느낌을 결코 가질 수 없다는 점을 꼭 기억하세요. 그리고 진정으로 통하는 친구 사이란 그저 말을 주고받고 시간을 같이 보내는 사이가 아니라, 서로의 감정을 나눌 수 있는 사이라는 점도 염두에 두시길 바랍니다.

그런데 여기서 꼭 알아야 할 사실이 하나 있습니다. 겉으로 드러난 강경한 감정을 있는 그대로 미러링하는 것은 아주 기초적인 첫 단계입니다. 공감의 최종 목표점이 아니지요. 상대방이 진정 공감받고 싶어 하는 감정은 따로 있을 수 있습니다. 바로 온건한 감정입니다.

입장을 바꿔서 생각해 보겠습니다. 한 친구에게 여러분을 자주 비난하는 아버지의 태도에 대한 불만을 털어놓았다고 가정해 보세요. 아버지를 향한 원심력 감정, 즉 불평이나 분노감을 표출하자, 친구가 그 감정을 그대로 반영해 주었습니다.

"내가 봐도 네가 열받을 만할 것 같아! 너희 아빠 정말 문제 많구나. 나 같아도 너희 아빠 같은 사람은 정말 싫을 것 같아. 나 같으면 절대 못 참아!"

친구가 내 편을 들어준답시고 여러분의 아버지에 대해 부정적인 평가를 하기 시작합니다. 그런데 이상하게 기분이 묘해집니다. 공감을 해준 것 같기는 한데, 묘하게 기분이 상합니다. 그래서 한참 듣고 있다가 결국 한마디 던질 수도 있습니다.

"아무리 그래도 그렇지. 우리 아빠인데 네가 그런 식으로 이야기하지 마! 솔직히 네가 우리 아빠에 대해서 아는 건 별로 없잖아?"

성의껏 공감해 주었다고 믿었던 친구는 난처한 표정을 지을지도 모릅니다. 그리고 속으로는 '그럼, 어쩌라고?'를 외칠 수도 있고요.

분명히 친구도 나를 감정적으로 이해하고 위로를 한답시고 던진 대화인데, 기분이 썩 상쾌하지 않은 이유가 뭘까요? 궁극적으로 여러분이 공감받고 싶어 하는 감정은 아버지를 향한 원심력 감정이 아니기 때문입니다. 아무에게도 말하지 못하는 마음속 구심력 감정이 진짜 공감을 기다리고 있습니다.

절반만 공감하지 않으려면

여러분이 누군가에게 불평과 분노 감정을 가지고 있다면, 그 사람에게 뭔가 바라는 바가 있다는 것을 의미합니다. 여러분을 화나게 하는 상대방이 부모님이라고 가정해 볼까요. 분명 여러분은 부모님에게 인정과 칭찬을 받고 싶은 바람 want을 가지고 있었을 것입니다. 그런데 그런 바람과 욕구가 충족되지 않는 상황에 처합니다. 계속해서 그런 불충족의 경험이 쌓이면 자연스레 구심력 감정을 가지게 되지요.

이때 구심력 감정은 부모님에게 인정이나 칭찬을 받지 못하는, 자신의 존재를 향한 부적절감feeling of inappropriateness입니다. 늘 형제자매와 비교당하고, 비난당할 때 생기는 자괴감이나 수치심일 수도 있습니다. 이렇게 자신의 존재를 비하하는 느낌, 즉 자격지심은 겉으로 꺼내기 매우 힘든 감정입니다. 그래서 마음속 깊은 곳에 묻어두고 숨겨놓기 마련입니다.

그래서 여러분이 부모님을 향한 분노나 불평을 털어놓았을 때, 친구들이 그저 분노와 같은 원심력 감정만 미러링해주면 절반만 공감받는 셈입니다. 친구들이 무리하게 여러분의 부모님을 향해 덩달아 강한 분노와 반감을 드러내면 기분이 상하는 이유이지요. 실은 나머지 절반의 느낌들, 즉 온건한 구심력 감정이 간절하게 공감받고 싶어 하는 감정일지도 모릅니다.

그럼 우리가 상대방을 온전하게 공감하기 위해서 겉으로 표출된 원심력 감정은 물론이고, 숨어 있는 구심력 감정까지 미러링하려면 대체 어떻게 해야 할까요?

우선, 상대방이 원심력 감정을 표출하는 대상target을 확인해야 합니다. 친구가 자신을 비난하는 아버지에 대한 분노를 표출한다면, 친구의 아버지가 그런 대상이겠지요. 보통 친구는 대상의 말투나 행동 등이 자신의 분노를 자극했다고 호소할 가능성이 높습니다.

여기서 여러분의 관심도 상대방이 감정을 표출하는 대상으로 옮겨가면 안 됩니다. 대상을 향해 함께 분노를 표출하는 일이 결정적으로 별 도움이 되지 않는다고 이미 이야기했습니다. 이건 그야말로 샛길로 빠지는 꼴이지요. 하지만 전문적으로 공감을 제공하려는 심리상담사도 쉽게 빠지기 쉬운 유혹이기도 합니다.

"아빠가 좀 심하긴 했네. 어떻게 아들에게 그런 식으로 이야기를 하지?"

"아빠가 그런 이야기를 자주 하셔? 너는 매번 듣고만 있고?"

"아빠에게 한번 강하게 이야기해 봤어? 네가 너무 회피하기만 한 건 아니니?"

이와 같이 화제를 대상으로 옮겨가서 대상에 대한 추가 정보를 묻는다든지, 상대방의 반응 행동 등을 확인하기 시작하면 결국 상대방의 감정을 헤아리는 일은 점점 요원해집니다. 결국 온전한 공감이 이루어지기는커녕, 겉으로 드러난 강경한 감정만 미러링한 채 밑 안 닦고 끝내는 느낌이 되고 맙니다. 그럼 어떻게 해야 할까요?

상대방의 바람을 물어보세요

구심력 감정이나 온건한 감정을 탐색하고 미러링하기 위해 가장 중요한 일은 바로 상대방이 감정을 느끼는 대상에 대해 가지고 있는 바람을 묻는 것입니다. 친구는 분명 아버지로 하여금 비난받기를 원하지 않았을 것입니다. 그렇다면 아버지에게 어떤 태도나 반응을 기대하고 원했는지 그 바람을 구체적으로 묻는 일이 선행되어야 합니다. 간단합니다. 예를 들면 이렇게 묻는 것이지요.

"그럼, 어제 아버지가 어떻게 해주길 바랐던 거야?"

늘 자신을 비난하는 아버지에게 친구는 무엇을 원했는지 정확하게 이야기한다면 참 좋을 텐데요. 그렇게 되지 않을 수도 있습니다. 친구는 무기력하게 대답합니다.

"바람? 글쎄, 나는 아버지에게 기대하는 것 하나도 없어. 그냥 동생 앞에서 그런 식으로 말이나 안 했으면 하는 거지."

하지만 여러분이 조금만 주의를 기울여 경청한다면 친구가 진정 원하는 바람을 찾아낼 수 있습니다.

"그러니까 동생 앞에서는 비난하는 말을 하지 않기를 바랐던 거네. 너는 아버지에게 동생 앞에서 형으로 존중해 주기를 바란 것 같아."

그런데 그런 바람이 충족되지 않아서 생기는 감정이 바로
구심력 감정입니다. 누구나 마음 한구석에 처박아 놓게 되는
고통스러운 감정, 즉 온건한 감정이 되는 것이지요. 이제 여
러분이 친구의 바람을 천천히 알아낸 다음, 그 바람이 무너
져서 생기는 느낌을 미러링하면 됩니다. 그러면 나머지 절반
의 느낌까지 공감할 수 있는 길이 열립니다.

"그런데 어제도 그런 바람이 무너졌으니 동생 앞에서 망신
스럽고 자괴감이 많이 들었을 것 같아."
"(침묵) 맞아. 그래서 동생이 나를 평소에 그렇게 무시하는
건지도 몰라."

자, 여기서 다시 동생이라는 대상으로 옮겨가면 안 되겠지
요. 동생에 대한 세부 정보나 반응 행동 등을 묻는 질문은 잠
깐 참아보지요. 이때도 친구의 느낌을 자극하는 동생의 행동
은 무엇인지부터 살피고, 동생을 향해 친구가 바라는 바를
찬찬히 탐색하는 일이 중요합니다.

"동생이 평소에 어떻게 할 때 그런 느낌이 들어?"

"동생도 어떨 때는 나를 가르치려고 해! 마치 아빠나 엄마처럼 나를 우습게 취급한다니까."

"그렇구나. 그럼 너는 동생이 평소에 어떻게 해주길 바라는 거야?"

"동생이 어렸을 때는 나랑 말도 잘 통하고 같이 시간도 많이 보낸 것 같은데, 언제부터인가 완전 남남처럼 되더라고."

"그러니까 너는 동생이랑 대화도 많이 하고 같이 시간을 보내고 싶은 바람이 있는 거네. 그런데 요즘에 그러지를 못해서 많이 서운한가 보다."

다시 정리해 보면, 대화 중에 친구가 지목하는 대상으로 빠지지 않고, 그 대상을 향한 친구의 바람을 천천히 헤아려 봅니다. 그러고 나서 그 바람이 무너져서 생긴 느낌을 탐색하다 보면 친구가 가진 온건한 감정들, 즉 자괴감, 서운함 등을 미러링할 수 있습니다.

아마 여러분의 친구는 겉으로 아버지를 향한 분노 감정이나 동생에게 무시당하는 감정만이 아니라 자신의 내면에 숨겨져 있는 감정까지 미러링해 주는 여러분과 아주 특별한 공감을 경험할 것입니다. 사실 이런 과정이 진짜 공감입니다.

감정적으로 이해하기

부모님들이 여러분을 잘 이해한다고 생각하시나요? 그것은 아마도 여러분에 대한 정보를 많이 가지고 있다는 것을 의미할지도 모릅니다. 여러분이 좋아하는 음식, 여러분의 좋은 습관이나 나쁜 버릇, 좋아하는 과목이나 싫어하는 과목, 그리고 친하게 지내는 친구들의 이름까지 알면 여러분을 잘 이해한다고 자부할 수 있겠지요.

그런데 정보를 많이 가지고 있다는 것과 마음을 잘 이해한다는 것은 전혀 다른 이야기입니다. 그렇지 않나요? 제가 출연한 자녀 양육 방송 프로그램에서 만났던 부모님들의 공통점이 있습니다. 스튜디오에서 부모님들이 눈물을 흘리는 경우가 간혹 있었는데, 주로 자신이 잘 알고 있다고 믿었던 자녀의 전혀 다른 속마음 이야기를 듣는 경우였습니다.

상대방을 이해하는 데는 분석적인 '좌뇌형 이해'가 있고,

좌뇌형 이해와 우뇌형 이해

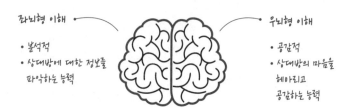

좌뇌형 이해
- 분석적
- 상대방에 대한 정보를 파악하는 능력

우뇌형 이해
- 공감적
- 상대방의 마음을 헤아리고 공감하는 능력

공감적인 '우뇌형 이해'가 따로 있습니다. 상대방에 대한 정보를 잘 파악하는 것은 전자에 해당하고, 상대방의 마음을 헤아리고 공감할 수 있는 정도가 후자에 해당합니다.

좌뇌형 이해는 축적된 정보를 분석하여 추론하는 과정을 통해 충분히 가능합니다. 하지만 우뇌형 이해가 가능해지려면, 상대방의 다양한 감정을 함께 조율하고 상호적으로 공감하는 과정이 절대적으로 필요합니다. 좌뇌형 이해와는 달리 우뇌형 이해는 필수적으로 양방향으로 이루어집니다.

앞서 설명한 바와 같이, 자꾸 상대방을 자신이 더 잘 알고 있다고 자부하면서 독심술을 사용하는 사람들은 이런 양방향 공감의 방식을 잘 알지 못하는 이들입니다. 아마도 좌뇌형 이해만을 바탕으로 상대방의 마음까지 훤하게 꿰뚫고 있다고 착각하는 경우가 많습니다. 그래서 우리는 좌뇌형 이해가 아니라 우뇌형 이해의 기술을 좀 더 구체적으로 연습해야 합니다.

양방향 과정을 바탕으로 하는 우뇌형 이해의 가장 중요한 기본 전제는 반드시 상대방에게 되묻고 조율하는 과정입니다. 2장에서 일방적인 독심술 대신 상대방에게 묻고 재구성하는 '리프레이밍'의 기술을 소개했던 것 기억하지요? 리프레이밍은 상대방의 마음을 우리가 결론 내거나 정답을 확정 짓지 않으려는 태도입니다.

'이해한다'를 뜻하는 영어 단어 'understand'를 문자 그대로 해석해 볼까요? 이 단어는 '아래에under'+'선다stand'라는 의미의 조합으로 구성되어 있습니다. 무슨 뜻일까요?

저는 '아래에 선다under-stand'의 의미가 우뇌형 이해 과정을 잘 설명해 준다고 생각합니다. 머리로 상대방을 파악할 수 있다고 믿는 좌뇌형 이해와는 달리 우뇌형 이해는 상대방이 숨기고 있는 감정에까지 내려가서 하는 소통 과정입니다. 우리가 파악한 머리에 머무르면 안 되고, 반드시 상대방의 은밀한 감정 세계로 진입해야 합니다.

간단히 말하자면, 우리의 '머리 높이'에서 상대방의 '가슴 높이'로 하강해야 합니다. 어떻게 우리의 머리 높이에서 상대방을 분석하고 추론하지 않고, 상대방의 가슴 높이까지 내려가 '아래에 설 수' 있을까요?

혹자는 세상에서 가장 먼 원거리가 우리의 머리와 가슴 사이라고 하더군요. 여러분의 머리 높이와 상대방의 가슴 높이 사이에도 엄청난 간극이 있습니다. 특히 서로 관계가 깊다고 여길수록 여러분의 머리와 상대방의 가슴에는 헤아리기 힘들 만큼 깊은 골짜기가 있답니다. 그래서 자신의 머리에 머물러 일반화나 독심술을 쓰면서 상대방의 가슴 근처에도 내려가지 못하는 경우가 다반사입니다.

꼭 기억해야 할 사실을 재차 강조하려고 합니다. '머리 높

눈높이에서 가슴 높이까지

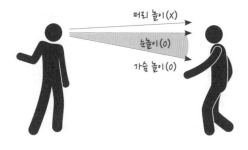

이'와 '가슴 높이' 사이에 있는 '눈높이'를 기억해 보세요. 상대방의 감정 세계, 즉 가슴 높이까지 천천히 내려가려면 반드시 상대방의 눈높이를 확인하고 조율해야 합니다.

상대방의 눈높이는 상대방의 바람을 세심하게 살펴보는 일에서 시작됩니다. 상대방이 여러 사람들과의 관계 가운데 어떤 바람이 있는지 확인하지 못하면 상대방의 깊은 감정의 골짜기로 제대로 내려갈 수 없습니다.

웅덩이 밑바닥까지 내려가기

상대를 감정적으로 이해하기 위해서는 천천히 그 사람의 바닥에 있는 감정에까지 내려가려는 노력이 절대적으로 필요합니다. 누군가를 감정적으로 이해하는 일을 깊은 웅덩이에 빠진 사람에게 도움을 주는 일이라고 상상해 봅시다. 혼자서는 도저히 나올 수 없는 웅덩이에 빠진 사람이 비명을 외칩니다. 이 사람에게 결정적으로 도움을 주려면 어떻게 해야 할까요?

일단 웅덩이에 빠져 외치는 사람을 그냥 지나치지 않아야 합니다. 게다가 도움까지 주려면 그 사람에 대한 연민의 마음이 필요합니다. 먼저, 연민을 가진 행인이 아래를 내려다보면서 사태를 파악할 수 있습니다. 그리고 정보를 얻기 위해 질문을 던집니다. 언제부터 빠져 있었는지, 식수나 비상식량은 충분히 있는지 물어볼 수 있습니다.

고통을 겪고 있는 사람에 대한 정보를 얻는 일은 좌뇌형 이해에 해당한다고 볼 수 있겠지요. 동시에 그 사람의 감정을 헤아려 아는 일, 즉 우뇌형 이해가 진행되어야 합니다. 우뇌형 이해를 도모하는 행인은 웅덩이 아래에 있는 사람의 아픔과 고통을 함께 공유할 수 있을 것입니다. 이렇게 두 사람이 같은 감정을 공유하는 것을 '동감' 혹은 '동정'의 과정이라고 할 수 있습니다.

하지만 이렇게 두 사람이 그저 같은 감정을 공유하는 동감이나 동정의 과정을 심리상담 전문가들은 공감의 과정과는 다소 다른 과정이라고 봅니다. 서로 어떻게 다를까요?

두 단어는 공통적으로 감정이나 고통을 의미하는 그리스어 '파토스pathos'에 접두사 'sym'과 'em'이 붙여진 단어입니다. 접두사 'sym'은 '함께' 혹은 '같이'의 뜻이고, 접두어 'em'은 '안으로'의 뜻입니다. 즉, '동정sym-pathy'은 '함께 느낀다'는 의미이고, '공감em-pathy'은 안으로 느낀다는 뜻입니다.

행인이 웅덩이 위에서 아래에 있는 사람과 '함께' 고통을 느끼는 것을 '동정'이라 한다면, 행인이 어떻게 해야만 '안으로' 느끼는 '공감'이 가능한 것일까요? 얼토당토않아 보이지만, 행인이 웅덩이 아래로 스스로 내려가야 합니다. 그래야 웅덩이에 빠진 사람의 느낌 '안으로' 진입할 수 있기 때문입니다.

하지만 대부분의 행인들은 스스로 웅덩이 아래로 내려가는 것을 상상하기 어렵습니다. 그래서 우리가 누군가를 동정하기는 쉽지만, 공감하기는 좀처럼 어려운 일인지도 모르겠습니다. 그저 상대방의 느낌을 함께 느끼는 것이 아니라, 느낌 안으로 서서히 들어가는 과정이 바로 공감이기 때문입

동정과 공감

'진정한 공감'을 위한 기초 연습

니다.

이러한 이유로 공감을 상대방의 감정 웅덩이의 바닥까지 내려가 서는 일이라고 할 수 있습니다. 이때, 상호 공감을 바탕으로 하는 우뇌형 이해가 비로소 완성됩니다.

여러분이 불행한 일을 당해서 고통을 경험할 때 친구들이 다음과 같이 동정의 마음을 표현할 수 있습니다.

"너, 정말 많이 힘들겠다. 나도 그 느낌을 어느 정도 알 것 같아. 네가 그렇게 힘들어 하니까 나도 같이 힘든 것 같아."

이렇게 상대가 여러분과 함께 같은 느낌을 느낀다고 해주면, 참 고마운 친구라고 생각하겠지요. 그런데 이런 동정의 마음을 자주 표현하는 경우 우리는 점점 그 진정성을 느끼기가 어려워집니다. 어느새 상대방이 표현하는 동정의 마음은 피상적으로 느껴집니다. 게다가 우리의 깊은 감정을 충분히 이해하지 못하는 것 같은 얕은 느낌을 가지게도 합니다. 왜 그럴까요?

동정하는 친구의 위치와 우리의 위치가 판이하게 다르기 때문입니다. 친구의 위치는 웅덩이 위 안전한 곳에 있고, 우리의 위치는 웅덩이 아래 비참한 현실에 있기 때문입니다. 친구가 안전한 웅덩이 위가 아니라, 우리가 처한 위험한 곳까지 스스로 내려와 준다면 세상에 둘도 없는 든든한 동반자를 얻는 기분이 들 것입니다. 공감은 바로 이런 상호적인 연대감을 느끼는 과정입니다.

공감의 과정이 이렇게 상대방의 웅덩이로 천천히 내려가서 결국 감정의 가장 밑바닥까지 내려가서 서는 일이라고 한다면, 너무 급하게 내려가서도 안 됩니다. 천천히 웅덩이 아래로 내려가되, 바닥까지 내려갈 수 있다면 결국 할 수 있는 일은 단 한 가지뿐입니다. 결국 웅덩이 밑바닥에서 만난 두 사람이 할 수 있는 일이란 바로 부둥켜안고 우는 일입니다. 웅덩이 바닥에 있는 구심력 감정과 온건한 감정을 공감할 때 뜨거운 치유의 눈물이 흐르는 것과도 같은 이치입니다.

마음의
엘리베이터를
타세요

○

우리가 생각하고 분석할 때 마음의 엘리베
이터는 지상층, 즉 대뇌의 사고 과정에 머
무릅니다. 반면 우리가 감각적으로 느끼
고 어떠한 감정에 사로잡힐 때 마음의 엘리
베이터는 지하층, 즉 신체의 자율신경계로
하강합니다.

지상 20층부터 지하 20층까지

지금부터는 구체적으로 상대방의 웅덩이 바닥에 내려가서 공감을 완성하는 방법을 연습해 보겠습니다. 보이지 않는 마음과 감정 세계를 헤아리기 위해 또다시 상상력의 날개를 펼쳐보겠습니다.

여러분이 누군가와 대화를 할 때, 각자 마음의 엘리베이터를 타고 있다고 가정해 보세요. 여러분과 상대방은 각각 보이지 않는 엘리베이터를 타고 있습니다. 이 마음의 엘리베이터를 타고 지상 20층부터 지하 20층까지 오르내릴 수 있다고 상상해 보세요.

저는 지상층을 '머리 층head level'이라고 이름 붙이고, 지하층을 '가슴 층heart level'이라고 이름 붙이려고 합니다. 왜냐하면 우리가 생각하고 분석할 때 마음의 엘리베이터는 지상층, 즉 대뇌의 사고 과정에 머무르기 때문입니다. 반면, 우리가 감각적으로 느끼고 어떠한 감정에 사로잡힐 때 마음의 엘리베이터는 지하층, 즉 신체의 자율신경계로 하강하기 때문입니다.

그렇다면 지상층에서는 주로 좌뇌형 이해가 이루어지고, 지하층에서는 우뇌형 이해가 진행된다고 보면 됩니다. 공부를 하거나 업무에 집중할 때 우리는 주로 지상층, 즉 머리 층에서 활동을 하다가, 갑자기 불안이나 짜증을 느낄 때는 갑자기 마음 엘리베이터가 지하층, 즉 가슴 층으로 내려가는 것이지요.

보통 마음의 엘리베이터는 지상층에서 활동할 때가 많습니다. 특히, 언어를 사용하여 다른 사람과 대화를 나눌 때 각자의 마음의 엘리베이터는 머리 층에 머물러야 합니다. 그래야 서로 대화를 통해 주제를 파악하고, 상대방의 논점을 올바로 이해할 수 있기 때문입니다.

마음의 엘리베이터

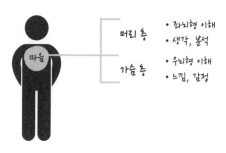

머리 층
- 좌뇌형 이해
- 생각, 분석

가슴 층
- 우뇌형 이해
- 느낌, 감정

지상층 가운데서도 높은 층일수록 고도의 분석과 추론이 필요하다고 가정해 볼까요? 너무나 어렵고 풀기 어려운 난제를 만날 때, 우리는 지상층 꼭대기까지 올라갈 수도 있습니다. 그렇다면 일상적인 대화를 나눌 때는 지상층 중에서도 저층에서 진행될 수 있겠지요.

예를 들어보겠습니다. 여러분이 최근 한 친구와의 불편했던 사건을 부모님에게 이야기하려고 합니다. 학교에서 어떤 일이 있었는지 설명을 시작합니다. 이때 여러분이나 부모님 모두 마음의 엘리베이터는 지상층에 있습니다.

이야기의 맥락을 잘 이해하기 위해서는 일단 좌뇌형 이해가 필요한 법이지요. 지나치게 복잡한 개념 설명이 필요하지 않고, 단순한 사건에 대한 설명이라면 엘리베이터는 지상 5층 정도에 머무르면 되겠지요.

그러다가 갑자기 친구가 던졌던 막말이 생각나서 눈물이 핑 돌았습니다. 목소리도 울컥하고 말소리가 잠기기 시작했습니다. 이때 여러분의 마음의 엘리베이터는 몇 층에 있을까요?

지상 5층에서 담담하게 사건의 전말을 전달하던 여러분의 마음의 엘리베이터는 지하 1층으로 순식간에 급강하했습니다. 왜냐하면 친구가 던진 막말을 생각하는 순간, 자신도 모르게 분하고 억울한 감정에 빠져들고 말았기 때문입니다. 그러면 마음의 엘리베이터는 급하게 지하층으로 떨어집니다.

이때 여러분의 이야기를 지상 5층쯤에서 함께 듣고 있던 부모님은 어떻게 될까요? 계속 지상층에 머무르면서, 갑자기 아래로 떨어진 여러분을 가만히 내려다볼 수 있습니다. 아무 말 없이 바라만 보고 있을 수도 있고, 한마디를 할 수도 있겠지요.

"너, 왜 그래? 갑자기 이야기를 하다가?"

그러면 여러분은 다시 정신을 가다듬고 지상 5층으로 바로 복귀할 수도 있습니다.

"아, 갑자기 그 자식 생각이 나서…."

그리고 떠오르는 감정을 억지로 누르면서 다시 이야기를 이어갈 수도 있습니다. 하지만 이 순간, 즉 여러분이 지상 5층(머리 층)과 지하 1층(가슴 층) 사이를 순식간에 내려갔다 올라온 사이에 부모님은 중요한 공감의 기회를 놓쳤습니다.

지하층으로 따라 내려가기

공감의 기회를 잡기 위해서는 어떻게 해야 할까요? 상대방 마음의 엘리베이터가 지하층으로 내려간 것이 확인되는 순간, 바로 따라 내려가야 합니다. 그래서 아주 짧은 찰나의 시간 동안 순간의 선택이 필요합니다.

아까 눈물이 핑 돌던 순간으로 가볼까요. 이때 순식간에 마음의 엘리베이터 층수가 바뀝니다. 지상 5층에서 지하 1층으로 말이죠. 이렇게 여러분의 달라진 위치를 알아차린 부모님은 따라 내려갈 수도 있습니다.

"아이고, 우리 아들이 많이 서운하고 기분이 나빴던 모양이구나."

부모님이 지하 1층에 함께 내려가 머무르는 일은 바로 여러분의 감정을 알아차리고 미러링하는 일로 연결됩니다. 그렇다면 여러분이 급하게 다시 지상층으로 복귀할 필요가 없어집니다. 지하 1층에 조금 더 머무를 수도 있지요.

"아니, 내가 일부러 그런 것도 아닌데, 그런 식으로 말하니까 너무 분하고 억울하잖아!"

이때 여러분은 자신도 모르게 눈물이 흘러내릴 수도 있습니다. 부모님의 적절한 감정 미러링 덕분에 가능한 일입니다. 이렇게 지하 1층, 즉 가슴 층에 오래 머무를수록 공감의 깊이는 점점 깊어집니다. 한마디로 공감이란 상대방 마음의 엘리베이터가 머무르는 지하층에 함께 내려가 머무는 일입니다.

하지만 대개 순식간에 일어나는 일이라 보통 사람들이 공감의 타이밍을 맞추는 일은 결코 쉽지 않습니다. 하지만 하강의 신호를 알면 도움이 됩니다. 상대방이 신체로 감정을 표현할 때가 있습니다. 조금 전 예시처럼 눈물이 핑 도는 걸 보거나 목소리가 울컥하고 잠기는 소리가 들리면, 상대방 마음의 엘리베이터가 지하 1층에서 보내는 시그널이라고 여겨도 무방합니다.

저는 이런 시그널을 '비언어적 단서non-verbal cue'라고 합니다. 영화감독이 큐를 던지듯, 상대방은 가끔 우리에게 공감해 달라는 확실한 큐를 던집니다. 공감을 잘하기 위해서는 상대방의 큐를 알아차릴 수 있는 감수성을 가지도록 평소에 철저히 준비해야 합니다.

평소에 준비를 단단히 하기 위해 비언어적 단서를 몇 가지 알려드리겠습니다.

① 목소리가 떨립니다.
② 동공이 흔들립니다.
③ 눈시울이 붉어집니다.

④ 울음 섞인 목소리가 됩니다.

⑤ 눈물이 맺히거나 눈물이 흐릅니다.

⑥ 눈을 잘 맞추지 못하고 안절부절합니다.

만약 누군가와 대화할 때 상대방이 이런 단서를 보여주면, 상대방의 감정을 미러링할 순간이라는 것을 잊지 마세요. 꼭 정확한 감정을 알아맞혀야 하는 것은 아닙니다. 그저 상대방의 감정을 반영해 주고 존중해 주는 행동 자체가 상대방의 지하층에 내려가서 머무를 수 있도록 할 것입니다. 이것이 바로 우뇌형 이해를 가능하게 하는 중요한 과정입니다.

아직 지하층은 아니지만, 지상 1층에서 상대방이 우리에게 공감을 요청하는 큐를 던지는 경우도 있습니다. 이것은 '언어적 단서verbal cue'라고 부를 수 있습니다. 상대방이 우리에게 언어적으로 감정을 표현할 때가 바로 이런 경우입니다. 예를 들어, 부모님에게 친구 이야기를 하던 여러분이 다음과 같이 감정 표현을 할 수 있습니다.

"그 친구가 그런 식으로 막말을 하니까, 정말 킹 받았어요 (열받았어요)."

우리가 언어적으로 큐를 던질 때는 강경한 감정을 표출하는 경우가 다반사입니다. 우리가 지상 1층쯤에서 상대방이 우리의 감정을 적극적으로 이해하고 미러링해 주기를 기다리는 경우입니다.

여러분의 부모님이 이것이 공감을 요청하는 시그널인지 알면 참으로 좋겠는데요. 하지만 그렇게 인식하지 못하는 경우가 많습니다.

"킹 받았다는 말이 대체 뭐니? 제발 고운 말 좀 써라!"

공감을 기대하며 지하층으로 내려가려고 준비를 마쳤던 여러분은 이 말을 듣는 순간 허탈하게 움직임을 멈추게 됩니다. 공감 실패의 순간이지요.

여러분이 친구나 형제자매와 대화할 때 이런 실수를 하는 경우가 많이 있었을 것입니다. 상대방은 여러 차례 언어적 단서를 보내면서 공감을 애타게 기다렸지만, 여러분이 알아차리지 못하는 경우이지요. 친구들이 여러분에게 흔하게 던졌을 법한 언어적 단서 중에서 언뜻 듣기에는 감정 표현 같지 않아서 인식하지 못하는 경우도 있습니다.

"사는 게 힘들어."

"아무리 생각해도 참 어려워."

"요즘 스트레스 엄청 받고 있어."

감정을 직설적으로 표현하고 있지는 않지만 이러한 표현은 불안이나 두려움, 혹은 부담감이나 무력감 등을 숨기고 있는 표현입니다. 이러한 음성적인 감정 표현도 시그널로 여겨야 합니다. 그리고 친구들의 마음속에 숨겨진 감정에 임의로 이름을 붙여주고 서로 조율하려고 시도해야 감정 미러링과 공감이 완성됩니다.

감정 탐색을 위한 명료화

이런 의문이 들 수 있습니다. 그저 힘들다는 말만 듣고 어떤 감정을 느끼고 있는지 어떻게 알아차릴 수 있을까요? 어느 정도의 감이라도 있어야 되지 않을까 의구심이 생길 것입니다. 그래야 그런 감정에 대해서 이름을 붙인 다음 친구들에게 되물을 수도 있지 않을까 하고 염려되겠지요.

이때는 친구들이 스스로 감정을 드러낼 수 있도록 구체적인 설명을 요청하는 질문을 하면 좋습니다.

"좀 더 자세히 이야기해 봐."
"예를 좀 들어볼래?"

이는 여러분이 친구들의 세밀한 감정을 탐색하기 위해 아주 적절한 접근입니다. 좀 더 구체적으로 묻거나 예를 들어 말해보도록 요청하는 것입니다.

"아니, 부모님들은 왜 다 이야기를 끝까지 안 들어. 말하는
게 너무 힘들어!"

이런 이야기를 들으면 어떻게 반응하겠습니까? 똑같이 경험한 이야기를 꺼내 맞장구치겠습니까? 원래 부모님들은 다 그렇다고 일반화하겠습니까? 친구가 말하는 이야기의 전체 배경을 명확하게 마음속으로 그려낼 수 없다면 좀 더 자세히 이야기를 들어야 합니다. 그렇지 않으면 결국 이렇게 독심술로 마무리하는 경우가 생깁니다.

"무슨 말인지 알지. 부모님 때문에 어제 또 열받았구나? 그렇지?"

'힘들다'는 표현으로 큐를 던진 상대방에게 천천히 이야기의 전체 내용을 듣는 여유를 가져보세요. 그리고 좀 더 자세히, 혹은 어떤 일이었는지 천천히 예를 들어 설명해 달라고 하면 됩니다. 이렇게 다른 사람의 이야기를 찬찬히 경청하는 것이 바로 우뇌형 이해를 위한 과정입니다.

이야기의 겉만 듣고 속 이야기를 듣지 않은 채 단정하면, 그저 머리에서 머무는 일이 되고 맙니다. 마음의 엘리베이터가 지상층에서 절대로 내려가지 않으려는 태도이지요. 우뇌형 이해는 상대방의 상황을 영화의 장면처럼 상상해 보고, 숨겨진 느낌을 헤아리는 연습을 필요로 합니다. 벌써 다 알 것 같다고 여기면, 여지없이 머리 층에서 좌뇌형 이해로 마무리되고 맙니다.

상대방이 '힘들다' 혹은 '화가 난다' 등의 감정 표현으로 언어적 큐를 제공하면 반드시 상대방의 상황을 드라마 장면처럼 마음속으로 그려보기 바랍니다. 이는 여러분이 상대방의 지하층으로 적극적으로 내려가기 위한 필수적인 준비 단계입니다. 그래야 여러분 스스로 자신의 머리 층에 머무르지 않고, 상대방의 가슴 층으로 내려갈 수 있는 시동이 걸립니다.

상대방은 지상 1층에서 일차적으로 큐를 던지고, 자신의 지하층으로 함께 내려가기를 내심 원하고 있습니다. 힘들다고 했지만 속으로는 억울한 감정이 있고, 화가 난다고 했지만 속으로 자괴감과 모욕감을 느끼고 있기 때문입니다. 여러분이 천천히 상대의 지하층에 있는 감정들에까지 내려갈 수 있으면 상대방과 함께 서서히 공감의 경험을 누릴 수 있습니다.

'왜?'라고 묻지 마세요

상대방의 이야기를 영화 장면처럼 충분히 이해하기 전에 자꾸 판단이 앞서기 마련입니다. 그때 자주 쓰는 단어가 '왜 why'입니다.

"왜 그렇게 화가 나지? 그 정도는 아닐 것 같은데…."

이런 질문은 이야기를 파노라마처럼 헤아려보기 전에, 머리로 판단하는 순간에 자주 등장합니다. 이유를 묻는 질문처럼 보이지만, 이런 반응을 들은 당사자는 자신이 화나는 이유가 부당해서 지지받지 못하는 것처럼 느끼기 쉽습니다.

이때 '왜'를 써서 묻기보다 '무엇'을 써서 물으면 상대방의 분노 감정 배후에 있는 다른 감정을 헤아리는 데 훨씬 도움이 됩니다.

"너를 화나게 만든 이유가 있는 것 같은데, 그게 뭘까?"

상대방은 자신을 화나게 만드는 것은 대상의 말투나 태도, 특정 행동이라고 이야기할 수 있습니다. 그러면 앞서 배운 것처럼 대상의 상세 정보를 묻지 말고, 그 대상에게 어떤 바람이 있는지 묻자고 했던 것 기억하지요? 그러한 바람이 무너져서 생기는 느낌을 여러분이 반영해 주는 것이 상대방 마음의 엘리베이터가 지하층으로 서서히 내려갈 수 있는 길입니다.

여러분이 누군가와 대화할 때 '왜'를 얼마나 많이 쓰는지 한번 살펴보세요. 학습을 할 때는 '왜'라고 사물의 이치에 대해 이유를 묻는 일이 큰 도움이 됩니다. 하지만 다른 사람과 따뜻하게 관계 맺는 일에서 대화 가운데 '왜'를 자주 쓰면 상대방에게 단절감을 주고 맙니다. '왜'라는 단어를 자꾸 들으면 상대방은 여러분이 자신을 잘 이해하지 못한다고 느끼기 때문입니다.

'왜'를 많이 쓰면 쓸수록 상대방은 여러분이 '머리 층'에서 자신을 아래로 내려다보면서 판단하는 것처럼 느낍니다. 상대방을 꼭 부정적으로 평가하는 태도가 아니더라도 상대방은 그렇게 느낄 수 있기에 최대한 주의를 해야 하는 언어 습관입니다.

어쩌면 여러분은 상대방을 걱정하고 염려해서 하는 말투라고 여길지도 모릅니다. 그래서 '왜'라는 질문을 자제해야 할 이유를 납득하기 어렵다면 반대로 경험해 보면 도움이 됩니다. 여러분이 직접 한번 '왜'로 묻는 질문들을 느껴보기 바랍니다.

"왜 너는 항상 그런 식으로 행동을 하니?"

"왜 그냥 가만히 있어? 왜 그래, 바보 같이?"

"좀 긍정적으로 생각하면 될 걸 왜 늘 부정적으로 생각해?"

자, 어떤가요? 이런 반응을 접하면 상대방이 여러분에게 공감해서 하는 말처럼 들리나요? 혹시 '괜히 이야기했네' 하는 후회감이 들지 않나요? 그리고 감정이 전혀 소통되지 않는 듯한 단절감이 느껴지지는 않나요?

그래서 '왜'라는 단어를 최대한 쓰지 않으려고 노력하는 연습도 상대의 마음의 엘리베이터를 따라 지하층에 내려가는 데 매우 중요한 훈련입니다. "무엇이 너를 그렇게 화나게 만들었을까?What makes you feel angry?"를 자꾸 연습해 보세요. 그러면서 상대방의 바람을 먼저 헤아려본다면, 그의 숨겨져 있는 온건한 감정을 만나는 데 중요한 첫걸음이 됩니다.

"이번에는 꼭 칭찬받고 싶었던 네 바람이 그렇게 무너졌다면 정말 참담했을 것 같아."

공감적 이해 3단계

상대방이 비언어적 단서 혹은 언어적 단서를 전혀 내비치지 않고 대화를 할 때가 있습니다. 이때도 상대방을 충분히 공감하면서 대화를 이어갈 수 있을까요?

평소에 상대방이 아무런 공감의 큐를 주지 않고 대화를 할 때도 공감을 잘할 수 있으면 우리 모두 공감의 고수가 될 수 있겠지요. 자, 그럼 연습을 해볼까요?

"어제 여자친구랑 전화하다가 대판 싸웠어."

친구가 이런 말을 했다고 가정해 보세요. 지금 친구의 얼굴 표정은 태연하고, 아무런 비언어적 단서도 발견하지 못했습니다. 그냥 담담하게 이야기한 것이지요. 그저 싸웠다는 사실만 이야기했을 뿐, 어떠한 감정 표현도 없네요. 그렇다면 친구는 어떠한 큐도 보내지 않은 것이라고 할 수 있겠습니다.

이때, 공감을 잘하기 위한 첫 번째 단계는 친구의 지하층 감정을 미리 느껴보는 것입니다. 평소에 감수성 훈련을 잘해온 여러분이라면, 대번에 어떤 느낌인지 헤아려보고 그 이름을 붙여볼 수 있을 것입니다. 여자친구와 싸웠다면 기분이 좋았을 리가 없겠지요.

그런데 이 첫 번째 단계가 결코 쉽지 않습니다. 왜냐하면 자꾸 우리는 지상층에 머무르면서 좌뇌형 이해만 하고 하강을 잘하지 못하기 때문이지요. 그래서 앞서 살펴보았던 실수를 저지르기 쉽습니다. 자기 경험을 노출하든지, 일반화를 하든지, 아니면 독심술을 사용하지요.

"어쩜, 나도 어제 여친이랑 엄청 싸웠는데."
"야, 너 원래 매일 싸우잖아. 늘 그랬던 것 아냐?"
"네가 또 엄청 귀찮게 했던 모양이지. 하여간 너는 전화하면 꼭 싸우지, 그치?"

진정한 공감을 위한 우뇌형 이해는 이렇게 시작도 못 해보고, 가짜 공감에 막혀 좌절되기 쉽다는 점을 명심하세요. 우뇌형 이해를 잘하기 위해서는 우뇌적인 상상을 통해서 상대방의 상황을 그려보는 일이 도움이 됩니다. 그리고 좀 더 찬찬히 친구의 마음속 지하층으로 내려가기 위해서는 추가적으로 상황에 대한 구체적인 질문을 하면 도움이 된다고 했었지요.

"어제 통화하다가 무슨 일이 있었던 거야? 자세히 좀 이야기해 볼래?"

친구는 어제 있었던 일을 설명하기 시작하겠지요. 그런데 여전히 감정 표현을 자제한 채 사실 정보만 이야기할 수도 있어요. 친구가 자신이 준 200일 기념 선물에 대해 여자친구가 투정을 부렸던 정황을 설명했다고 가정해 보겠습니다.

이때 우리는 친구가 분명히 어떤 감정이 생겼을 것이라고 추정이 가능해집니다. 여자친구에 대해 실망이나 짜증이 날 수도 있을 것이라고 여겨지는 이야기이기 때문입니다.

이때 주의해야 할 한 가지 잊지 않았겠지요? 대상으로 빠져서는 안 된다고요. 친구의 여자친구에 대해 어떠한 언급도 자제하세요. 여자친구 이야기로 가면 삼천포로 빠집니다. 친구의 감정에 최대한 집중하고, 숨겨진 감정을 헤아려보는 일이 공감의 최종 목적이 되어야 합니다.

두 번째 단계는 상대방의 감정을 미러링해 주는 것입니다. 친구의 감정을 대번에 정답처럼 알아맞히겠다는 야심은 버리세요. 그저 친구 마음속 지하층을 함께 내려가겠다는 태도를 보여주는 것으로 충분합니다.

"내가 느끼기에는 기분 많이 상했겠는데. 너는 그 선물을 엄청 좋아하기를 바랐을 텐데 말이야!"

이 정도면 만점입니다. 친구의 감정들 중에는 겉으로 쉽게 드러나는 짜증이나 분노와 같은 강경한 감정도 있을 것이고, 서운함이나 낯 뜨거운 느낌과 같이 밖으로 드러내기 힘든 온건한 감정도 있을 수 있습니다. 그중 친구의 바람이 무너져서 생긴 감정을 찾아내면 훨씬 구체적으로 지하층 아래에 있는 감정을 반영할 수 있습니다.

두 번째 단계를 시작하는 주문을 알려드릴게요. "내가 느끼기에는…"이라고 말하면서 감정 미러링 대화를 선제적으로 이어가는 것입니다. 즉, 상대방이 아무런 감정 표현을 하지 않더라도 우리가 미리 감정을 반영하려고 시도하는 것입니다.

"내가 느끼기에는 네가 많이 속상했을 것 같아. 분명 여친이 좋아하리라고 기대했을 텐데, 그런 반응이었다면 엄청 무안했을 것 같기도 하고 말이야."

주의할 것은 "내가 느끼기에는" 뒤에는 꼭 여러분이 느끼는 감정의 이름을 붙여야 한다는 점입니다. "내가 느끼기에는 네가 선물을 잘못 고른 것 아냐?", "내가 느끼기에는 네가 여자친구랑 감각이 너무 다른 것 같아" 등의 대화는 무용지물입니다. 이렇게 하면 결국 다시 머리 층에 머문 채로 상대방을 판단하는 평가가 되고 맙니다.

세 번째 단계는 상대방에게 반드시 되물어서 재구성하는 것입니다. 앞서 상대방의 감정을 적절하게 미러링을 하고도, 결국 상대방과 함께 조율하지 않고 혼자 결론을 내리는 독심술은 금물이라고 했었지요. 여기서도 마찬가지입니다. 마지막 단계에서 쓸 수 있는 대화법은 다음과 같습니다.

"어때? 네가 어떻게 느꼈는지 좀 이야기해 줄래?"

마치 상대방의 감정을 죄다 아는 것처럼 결론을 내리지 않고, 상대방이 자신의 정서적인 경험을 안전하게 꺼내놓도록 유도하는 것입니다. 이러한 태도로 인해 상대방은 우리와 함께 안전하게 마음속 지하층으로 천천히 내려갈 수 있습니다.

상호 공감의 과정에는 가장 밑바닥 층까지 서서히 내려갈 수 있는 인내가 필요합니다. 아주 오랫동안 숨겨놓은 감정에까지 안전하게 내려가는 데는 다소 시간이 걸릴 수 있기 때문입니다. 하지만 서두르지 않고 상대 마음속 지하층으로 가는 엘리베이터에 지속적으로 동승하려는 이들에게 상대방은 점점 신뢰와 안전감을 느낍니다. 그러한 안전감의 조건이 충족되면, 아무리 시간이 걸리더라도 언젠가는 상대의 가장 바닥 층인 지하 20층까지 내려가는 일도 가능해집니다.

여러분, 우리가 누군가와 대화할 때 상대방 마음의 엘리베이터가 지하 20층 끝까지 내려가서 머무르고 있다는 것을 알 수도 있을까요? 네, 가능합니다. 대화를 이어나가면서 여러분이 서서히 친구의 가슴 층에 내려가서 머무르는 일을 지속하다 보면, 친구들이 신체적으로 감정을 표현하는 일이 시작되기도 합니다. 한숨을 푹푹 쉬기도 하고 눈물을 흘리기도 합니다.

혹시 친구가 갑자기 여러분 앞에서 엉엉 우는 경우가 있었나요? 아마 이때 놀란 나머지 우는 친구에게 울지 말라고 달래기도 했을 겁니다. 친구가 여러분과의 상호적인 공감 과정에서 펑펑 울게 되었다는 것은 바로 친구의 마음 엘리베이터가 가장 밑바닥 층에 도달했다는 것을 의미합니다.

오랫동안 참아왔던 울음을 터뜨리는 일이 가능할 때는 과연 언제일까요? 바로 우리가 공감의 고수를 만나 함께 자신의 마음 엘리베이터를 타고 가슴 층으로 안전하게 내려갈 수 있을 때입니다. 〈인사이드 아웃〉에서 여자 주인공이 부모님 품에서 참았던 눈물을 흘리는 하이라이트 장면도 바로 이런 상황입니다.

여러분도 공감의 고수가 될 수 있습니다. 오늘부터 연습을 하면 오늘보다 내일, 내일보다 모레 점점 더 공감 능력을 키울 수 있을 것입니다. 다시 정리해 보면 공감적 이해의 3단계는 다음과 같습니다.

① 상대방의 마음속 지하층 감정을 알아차리기
② 상대방의 지하층 감정을 미러링(반영)하기
③ 상대방에게 되물어 재구성하기

훈습, 포기하지 마세요

앞서 정서지능지수인 EQ는 일반적인 지능지수인 IQ와는 달리 타고난 기질이나 유전과는 무관하다고 했습니다. 무슨 말인고 하니, 정서지능은 공감 경험이 많을수록 점차 향상될 수 있는 역량이라는 것입니다. 중요한 것은 그런 역량이 하루아침에 생기는 것이 아니라, 꾸준한 연습과 훈련의 산물로서 주어지는 선물이라는 점입니다.

1990년대 중반 감성지능emotional intelligence 개념을 처음 소개한 미국의 대니얼 골먼Daniel Goleman은 언론인 출신이었습니다. 수십 년 동안 조직과 단체의 리더들을 취재하던 그는 조직에서 EQ가 높은 사람이 다른 사람에 비해 업무 성과를

두 배 이상 낸다는 점을 발견했습니다. 왜 그럴까요? 이유는 간단합니다. 감성지능이 높은 이들은 감정 조절 능력과 공감 능력을 발휘하여 함께 일하는 동료들과 건강한 관계를 유지하기 때문입니다.

우리는 막연하게 IQ가 높고 판단 능력이 탁월한 이들이 뛰어난 리더가 되는 줄 짐작하지만, 실상 그렇지만도 않습니다. 정작 누구와 함께 일하더라도 마음이 끌리고 함께하고픈 리더는 바로 공감 능력이 뛰어난 사람입니다.

여러분이 매력적인 리더가 되는 길은 지금부터라도 공감을 연습하고 높은 감성지능을 갖추는 일이라고 이야기하고 싶습니다. 미래 사회의 어떤 조직이라도 높은 지능이나 학벌, 혹은 특별한 스펙을 갖추고 있는 사람보다 공감 능력을 가진 사람이 더욱더 많아져야 합니다. 그래야 더욱 따뜻하고 행복한 사회를 만들어가고, 지구 공동체가 함께 지속 가능한 발전을 도모할 수 있기 때문입니다.

여러분, 오늘부터 감정적 문해력 증진과 공감 역량 함양을 위한 여러분만의 '훈습熏習'을 시작하세요. 아마도 훈습이라는 학습 방법은 처음 들었을 겁니다. 문자 그대로 직역하면 훈습은 '연기로 배운다'는 뜻입니다.

'연기에 그을리다' 혹은 '향기를 피우다'는 의미의 '훈熏'은 훈제 요리를 연상하면 이해가 빠를 것 같습니다. 훈제 요리는 숯불 대신 연기로 오랫동안 굽는 방식의 요리입니다. 마찬가지로 훈습도 시간이 오래 걸리는 학습 방법입니다. 그래서 쉼 없는 인내를 필요로 하지만 일단 시작하고 쉽게 포기하지 않으면 점점 하루가 다르게 성장하는 학습법입니다.

또한 훈습은 시간이 지나면 학습 효과가 향과 냄새가 배듯이 몸에 배는 학습법입니다. EQ나 공감 능력 함양은 평생 학습이라고 여기고 끝까지 해야 합니다. 시작이 반이지만, 절대 포기하지 않는 것이 나머지 반이랍니다.

'공감의 고수'라는 별명은 매일매일 감정적 문해력 연습을 쉬지 않는 사람들에게 붙일 수 있는 이름입니다. 여러분도 오늘부터 공감의 고수의 길에 들어설 수 있습니다. 어색하게 느껴져도 꾸준히 연습하면 됩니다. 무엇보다 여러분의 지속적인 노력은 여러분 주위를 조금씩 따뜻하게 변화시켜 나갈 것입니다.

다음 세대에 전하고 싶은
한 가지는 무엇입니까?

공감에도 연습이
필요합니다

1판 1쇄 발행 2022년 6월 27일
1판 4쇄 발행 2024년 4월 15일

지은이 권수영
펴낸이 김성구

책임편집 김초록
콘텐츠본부 고혁 조은아 이은주
디자인 이영민
마케팅부 송영우 김나연 김지희 강소희
제작 어찬
관리 안웅기

펴낸곳 ㈜샘터사
등록 2001년 10월 15일 제1-2923호
주소 서울시 종로구 창경궁로35길 26 2층 (03076)
전화 1877-8941
팩스 02-3672-1873
이메일 book@isamtoh.com
홈페이지 www.isamtoh.com

ISBN 978-89-464-2215-5 04080
ISBN 978-89-464-1885-1 04080(세트)

값은 뒤표지에 있습니다.
잘못 만들어진 책은 구입처에서 교환해 드립니다.